Catequista
educador e comunicador da fé

Dados Internacionais de Catalogação na Publicação (CIP)
(Câmara Brasileira do Livro, SP, Brasil)

Barbosa Neto, João dos Santos
   Catequista, educador e comunicador da fé / João dos Santos Barbosa Neto. – Petrópolis, RJ : Vozes, 2023.
   Bibliografia.
   ISBN 978-65-5713-972-1
   1. Catequese – Igreja Católica – Ensino bíblico 2. Educação religiosa I. Título.

233-151662   CDD-268.82

Índices para catálogo sistemático:
1. Catequese : Igreja Católica   268.82

Eliane de Freitas Leite – Bibliotecária – CRB 8/8415

PE. JOÃO DOS SANTOS BARBOSA NETO

Catequista
educador e comunicador da fé

EDITORA
VOZES

Petrópolis

© 2023, Editora Vozes Ltda.
Rua Frei Luís, 100
25689-900 Petrópolis, RJ
www.vozes.com.br
Brasil

Todos os direitos reservados. Nenhuma parte desta obra poderá ser reproduzida ou transmitida por qualquer forma e/ou quaisquer meios (eletrônico ou mecânico, incluindo fotocópia e gravação) ou arquivada em qualquer sistema ou banco de dados sem permissão escrita da editora.

CONSELHO EDITORIAL

Diretor
Volney J. Berkenbrock

Editores
Aline dos Santos Carneiro
Edrian Josué Pasini
Marilac Loraine Oleniki
Welder Lancieri Marchini

Conselheiros
Elói Dionísio Piva
Francisco Morás
Gilberto Gonçalves Garcia
Ludovico Garmus
Teobaldo Heidemann

Secretário executivo
Leonardo A.R.T. dos Santos

Diagramação: Sheilandre Desenv. Gráfico
Revisão gráfica: Alessandra Karl
Capa: Monique Rodrigues

ISBN 978-65-5713-972-1

Este livro foi composto e impresso pela Editora Vozes Ltda.

Sumário

Abreviações e siglas, 7

Introdução, 9

1 Relação indissociável entre a comunidade e o catequista, 11
    1.1 A comunidade é geradora do catequista, 12
    1.2 Catequista educador da comunidade, 17
    1.3 Catequista comunicador da comunidade, 21

2 A ministerialidade do catequista como competência transversal, 25
    2.1 Competência pedagógica, 30
    2.2 Competência comunicativa, 36

3 Repensar a formação do ministro catequista a partir de sua dimensão vocacional, 45
    3.1. A formação do ministro catequista, 48
    3.2. As dimensões das práticas evangelizadoras da Igreja, 59
    3.3. A Espiritualidade do ministro catequista, 68

4 Proposta didática para a formação dos catequistas, 81

Considerações finais, 85

Referências, 89

Abreviações e siglas

AA	Decreto sobre o apostolado dos leigos *Apostolicam Actuositatem*.
AtM	Carta Apostólica *Antiquum Ministerium*.
Celam	Conselho Episcopal Latino-Americano e do Caribe.
CEPABC	Comissão Episcopal Pastoral para a Animação Bíblico-Catequética.
ChV	Exortação Apostólica Pós-Sinodal *Christus Vivit*.
CNBB	Conferência Nacional dos Bispos do Brasil.
CT	Exortação Apostólica *Catechesi Tradendae*.
DAp	Documento de Aparecida.
DC	Diretório para a Catequese.
DGC	Diretório Geral para a Catequese.
DNC	Diretório Nacional de Catequese.
DP	Documento de Puebla.
DV	Constituição Dogmática sobre a Revelação Divina *Dei Verbum*.
EG	Exortação Apostólica *Evangelii Gaudium*.
EN	Exortação Apostólica *Evangelii Nuntiandi*.
LG	Constituição Dogmática *Lumen Gentium*.
RM	Carta Encíclica *Redemptoris Missio*.
VD	Exortação Apostólica Pós-Sinodal *Verbum Domini*.

Introdução

Esta obra é uma proposta sobre a figura do catequista ministro, a sua vocação, o seu papel, a sua missão e sobretudo a sua formação em uma linha que conjugue a realidade do Brasil, discorrendo conceitos que caracterizam este importante ministério. Para isso, procura-se com as novas ciências propor um itinerário que auxilie no desenvolvimento de habilidades e competências a fim de que o catequista ministro desenvolva seu papel de educador a uma fé viva e inteligível promovendo uma ação evangelizadora específica do seu ministério.

O esforço das páginas seguintes se volta à reflexão e ao aprofundamento dos elementos necessários para um itinerário formativo segundo as orientações e requisitos dos documentos magisteriais (AtM, DC), das novas sensibilidades educativas e pedagógicas, e das orientações da CNBB para a instituição do Ministério de Catequista. Com olhar científico nas antigas experiências eclesiais para formação de catequistas e com base na hermenêutica gadameriana, buscou-se reconhecer os pontos fundamentais que salvaguardaram na história a caracterização do Catequista e integrá-los com as orientações do tempo presente, avançando assim, em novas compreensões e experiências alicerçadas na história eclesial.

O Ministério de Catequista é compreendido como uma vocação, um dom do Espírito Santo, um chamado de Cristo para um serviço específico e fundamental na missão evangelizadora da Igreja. Ele exige a formação, para que o ministro catequista consiga agir com competência e qualidade; e a estabilidade, para que ele possa promover e acompanhar os processos de crescimento e amadurecimento de fé da comunidade.

Inicia-se evidenciando a íntima e inseparável relação entre a comunidade que gera e faz crescer o catequista, e o catequista que educa e acompanha os processos de transmissão e educação da fé para o desenvolvimento da comunidade. Em seguida, busca-se aprofundar alguns temas formativos, de modo especial, atualizando os elementos da competência pedagógica e inserindo uma reflexão sobre a competência comunicativa à luz das orientações do Diretório para a Catequese e das novas experiências e estudos acadêmicos, auxiliando, assim, transversalmente na aquisição de habilidades que potencializam o agir do ministro catequista. Por fim, procura-se repensar a formação do catequista, por meio de duas etapas em um único caminho formativo, no qual é presente a perspectiva das práticas evangelizadoras da Igreja (*koinonia, martyria, leitourgia, diakonia*) no desenvolvimento integral das dimensões da formação, dando uma particular atenção a dimensão vocacional e espiritual do catequista.

1

Relação indissociável entre a comunidade e o catequista

A comunidade eclesial possui "um dever sagrado e um direito imprescritível" (CT, n. 14) na realização da catequese, a qual toda a Igreja deve se sentir e se mostrar responsável segundo a missão e responsabilidade de cada membro (cf. CT, n. 16). Ela é a primeira responsável de toda ação educativa, lugar onde se faz experiência eclesial e se desenvolve o sentido de pertença a comunidade (cf. ALBERICH, 2012, p. 50), ou seja, ela é formativa para a fé e é o local de formação na fé.

A catequese é um serviço da Igreja, na qual todos os seus membros são chamados a colaborar de diferentes modos, expressando assim um determinado modelo eclesial já que: a Igreja faz a catequese e a catequese faz a Igreja. Deste processo de educação da fé a comunidade eclesial se desenvolve a partir do amadurecimento da fé de seus membros e da profundidade da relação que estabelecem com Jesus Cristo.

A comunidade é "fonte, lugar e meta da catequese. A comunidade se torna lugar visível de testemunho de fé, provê à formação de seus membros, acolhe-os como família de Deus, constituindo-se ambiente vital e permanente de crescimento da fé" (DGC, n. 158). Este contexto comunitário é o terreno vital do qual brota e cresce "a vocação específica para o serviço da catequese" (DC, n. 133). A comunidade é sujeito e ambiente da catequese, na qual, o catequista participa de modo responsável, respeitando as diferentes funções, valorizando o diálogo e a troca de experiências diante de condições e sensibilidades diferentes (cf. ALBERICH, 1982, p. 204).

Sem a comunidade é improvável a presença de um catequista e sem o catequista dificilmente a comunidade amadurecerá em sua vida de fé, e não despertará em seus membros nem o sentido profundo de pertença e nem de espaço para a comunhão e participação. Por isso, reconhecer o caráter imprescindível da comunidade implica compreender a "concepção particularmente profunda e equilibrada do mistério da Igreja, a fim de manter o diálogo necessário entre uma comunidade e os ministros que, na comunidade, presidem a sua vida" (MOOG, 2006, p. 381).

1.1 A comunidade é geradora do catequista

A comunidade enquanto lugar indispensável e primário da catequese (cf. DGC, n. 141), antecede tanto os catequistas quanto os catecismos, pois é o ambiente caracterizado pela experiência gradual e vinculante com Jesus Cristo, pela formação da consciência, local privilegiado de engajamento e de participação ativa e responsável. Educando com toda a sua vida e manifestando através da sua ação uma concreta experiência eclesial (cf. UFFICIO CATECHISTICO NAZIONALE, 2006, n. 6), ela é considerada o "lugar próprio do nascimento e do desenvolvimento do homem e do cristão" (CALABRESE, 2012, p. 11).

Por ser a primeira responsável pela catequese, a comunidade é o catequista por excelência, por isso busca promover a conscientização e o envolvimento de todos os seus membros, a fim de superar a mentalidade setorizada que considera a catequese como tarefa de alguns (cf. ALBERICH, 2001, p. 183). Entretanto, se de um lado toda a comunidade cristã é responsável pela catequese, por outro lado, cada membro da comunidade possui uma condição diferente de atuação (cf. DC, n. 111). Deste modo, a catequese é "uma ação educativa, realizada a partir da peculiar responsabilidade de cada membro da comunidade, a fim de que os catecúmenos e os catequizandos se incorporem ativamente na vida da comunidade" (DGC, n. 220).

A comunidade é o lugar privilegiado para a educação à fé e o seu desenvolvimento, pois ela é em si o lugar autêntico de formação e de vivência das práticas evangelizadoras do Reino. Nela estabelece-se uma estreita relação entre a pessoa e Deus e decorre "uma formação que é transformação da própria existência e do próprio serviço, [...] no qual cresce e amadurece o serviço à catequese" (SORECA, 2014, p. 151).

Toda a comunidade é envolvida na ação catequética, e é na própria comunidade que alguns membros suscitados pelo Espírito Santo assumem "uma função particular ao serviço de todos [...] a missão de todos se clareia concretamente e se efetua no engajamento de alguns" (BORRAS, 2010, p. 261). Portanto, os catequistas são gerados na comunidade, agem em nome dela, realizam um processo formativo de educação da fé (cf. DNC, n. 233), propõem o encontro pessoal com Cristo, onde se aprofundam as convicções e os compromissos, e se faz experiência significativa de fé e de Igreja.

1.1.1 O catequista é vinculado a comunidade para uma catequese significativa

O catequista é um vocacionado que respondendo ao chamado de Jesus Cristo, coloca-se a disposição da missão da Igreja colaborando com ela no serviço do Evangelho através de um ministério específico para o desenvolvimento da comunidade (cf. DORÉ; VIDAL, 2001, p. 14). Ele nem age e nem fala em nome próprio, mas em nome da comunidade que o acolhe, reconhece o seu carisma, confirma a sua vocação e o envia para exercer com responsabilidade o ministério de educador da fé.

A inserção integral do catequista na vida da comunidade é um valor fundamental no processo da educação da fé, já que "ela se torna uma *fonte viva* da catequese, pois a fé não é uma teoria, mas uma realidade vivida pelos membros da comunidade, na qual interagem três elementos: o catequizando, a caminhada da comunidade e a mensagem evangélica" (DNC, n. 52). Este ambiente torna-se escola por excelência do próprio catequista que de modo contextualizado busca testemunhar suas experiências de vida cristã com linguagem compreensível, demonstrar àquelas pessoas naquele lugar que também eles fazem parte da história de salvação, que Deus se interessa por eles, por fim, promover a inserção na vida de comunidade.

O catequista participa diretamente da vida da comunidade (AtM, n. 6), de suas conquistas, de suas esperanças e de seus sofrimentos, colhendo nas circunstâncias do dia a dia a presença amorosa de Deus, fazendo ressoar a sua Palavra na vida concreta das pessoas. Assim, interliga-se a vida com o Evangelho, dando um novo significado a cada encontro, na realização de pequenas ações e gestos, nas emoções das conquistas e derrotas, na alegria de um nascimento e na dor de uma morte, porque através deles faz-se experiência do amor de Deus que se comunica e se revela (cf. MARTINELLI, 1983, p. 26).

A significatividade da missão do catequista perpassa por este íntimo elo com a comunidade, que o habilita unir a teoria e a vida, pois ele vive e é conhecido nela, participa de suas celebrações litúrgicas, das festas e dos eventos, conhece seus membros e o contexto em que vivem e é integrado com as outras pastorais colaborando para uma pastoral paroquial orgânica. Enfim, o catequista é expressão da comunidade, nela que o seu ministério desenvolve todo o potencial, pois "o seu serviço é vivido dentro de uma comunidade que é o sujeito primeiro do acompanhamento da fé" (DC, n. 111).

1.1.2 Catequiza-se para formar comunidade e forma-se comunidade para catequizar

A relação entre a catequese e a comunidade pode ser considerada como uma via de mão dupla, pois é a partir da comunidade que ela desenvolve seu trabalho e é para a vivência da comunidade que ela educa os catequizandos na fé (CEPABC, 2014, p. 24). Ora, na comunidade a vida cristã cresce e se desenvolve, ela é imprescindível para o culto e para a fraternidade, pois "a fé carece de fundamento se não tem como referência uma comunidade na qual se possa viver o dinamismo cristão fé-esperança-caridade" (CELAM, 2008, p. 121).

A comunidade é o local em que os batizados fazem experiência de Igreja comunhão (*koinonia*), participam ativamente de sua vida (A*t*M, n. 8), partilham a Palavra e o Pão, assumem responsabilidades, são envolvidos em projetos, estabelecem relações diretas, compartilham as experiências da vida cotidiana, nutrem um sentimento interior de pertença e de elo entre o evangelho e a vida (cf. NOCETI, 2012, p. 87-88). Desta maneira, a ação educativa e pedagógica da catequese é voltada também para o crescimento e amadurecimento da fé da própria comunidade, colocando-a em busca contínua de conversão e de purificação com atitudes coerentes com o evangelho, de modo que assim possa edificar a vida de fé de seus membros (cf. ALBERICH, 1982, p. 203).

A atividade catequética, enquanto catequiza, educa para a pertença, a identificação e o engajamento na vida da comunidade, introduzindo os catequizandos em sua realidade concreta, nutrindo atitudes de fidelidade e oportunizando experiências genuínas (cf. ALBERICH, 2012, p. 51-52). Assim, ela busca promover uma comunidade onde seja comunicada a fé, partilhada de modo profundo e autêntico a experiência cristã e capaz de unir a vida real com a vivência evangélica (cf. SORECA, 2014, p. 88), de modo que o batizado viva a sua fé na comunidade.

Deste modo, tem-se sólidas comunidades cristãs, que em si são já catequeses vivas, pois são capazes de cuidar de seus membros pela fraternidade, pelo serviço, pela partilha e sobretudo pela consistência de fé, meditada na Palavra, celebrada na Eucaristia, transmitida pelo testemunho e aprofundada na catequese (cf. DERROITTE, 2015, p. 27). Enfim, a catequese ao mesmo tempo que necessita da comunidade como ambiente fértil e favorável para o seu exercício, também conduz a ela, pois a catequese nasce no seio da fé da comunidade cristã e atua como agente criadora e fundadora de comunidades (cf. AMHERDT, 2016, p. 130).

1.2 Catequista educador da comunidade

O catequista age acompanhando a comunidade em um processo de permanente conversão em um caminho de santidade, no qual promove o amadurecimento de sua vida interior, o conhecimento do mistério da salvação e o engajamento missionário no mundo (cf. DGC, n. 69; 70; 142). Assim, ele desenvolve este itinerário de educação da fé formando comunidades para que vivam de modo autêntico os valores evangélicos e o seguimento de Jesus (cf. DNC, n. 145).

A comunidade cristã é a espinha dorsal do processo educativo, entretanto ela sofre com a atual situação de subjetivismo religioso que pode afetar o sentido de pertença e a relação do batizado com a sua comunidade, já que se tende a viver uma certa experiência espiritual de modo privado dentro da própria habitação (cf. TRENTI, 2002, p. 221). Por isso, é fundamental que o catequista se empenhe educativamente em uma catequese que colha o essencial da vida cristã, cuidando da relação Palavra-liturgia-caridade, de modo a priorizar a qualidade das experiências vividas no decorrer do itinerário catequético comunitário, evidenciando o caminho espiritual a partir dos altos e baixos, conquistas e fragilidades, que uma pessoa passa na vida (cf. CURRÒ, 2010, p. 32).

Neste procedimento de educar a comunidade, a catequese torna-se um importante instrumento de renovação para a própria comunidade, pois ela pode criar espaços novos de vida cristã e incentivar uma estimulante experiência de partilha, de autoridade, de responsabilidades e de estrutura (cf. ALBERICH, 2001, p. 191). Assim, o catequista atua para criar um ambiente de sinceridade, envolvimento e afeto, de modo que a comunidade seja o lugar para gerar a fé, entrar em diálogo com Deus, escutar a sua Palavra, acolher e acompanhar os batizados no crescimento e amadurecimento da vida cristã (cf. CASTELLUCCI, 2018, p. 25).

1.2.1 Ensina a escutar, a ler e a meditar à Palavra

A catequese coloca-se a serviço da Palavra de Deus a qual anuncia, de forma sistemática e orgânica pelo seu estudo e aprofundamento, de modo que eduque verdadeiramente à fé, fazendo crescer sem sua compreensão e torne o cristão capaz de dar razões da sua esperança, no mundo atual (cf. DGC, n. 67; 71). Por isso, é fundamental que o catequista desenvolva uma estreita relação com a Palavra, a qual deve amar e se nutrir (cf. CARVALHO, 2014, p. 21), colocando-se em escuta orante e meditativa para em seguida anunciá-la, ressoando no coração das pessoas a Boa-nova de Jesus Cristo.

Ao favorecer o encontro do catequizando com a Palavra, promove-se um verdadeiro encontro de comunhão com Deus, entra-se em diálogo com Jesus Cristo e encaminha-se às raízes da fé (cf. BISSOLI, 2006, p. 117). Desse modo, ele inicia um caminho de conversão à mensagem da Palavra, penetrando em seu mistério, através do qual Deus vai lapidando a pessoa, orientando as suas escolhas e moldando a sua vida (cf. RAIMBAULT, 2017, p. 381).

O catequista indica e acompanha no caminho do silêncio, como modo de reconhecer a iniciativa de Deus e de humildade da pessoa que se coloca em atitude de escuta, pois é Ele mesmo quem fala através da Sagrada Escritura a qual se transforma em Palavra e concede a "solidez da fé para os filhos da Igreja, alimento da alma, fonte pura e perene de vida espiritual" (*DV*, n. 21).

Da escuta, passa-se a meditação, em que a pessoa acolhe a Palavra em seu coração, permite-se interrogar por ela e a partir dela iluminar as inquietações da vida, confortando o coração e orientando a novos caminhos que deem sentido novo a uma vida de testemunho e de anúncio (BARBOSA NETO, 2016, p. 48).

Assim, o catequista é guia de uma leitura profunda e atualizada da Palavra, fiel ao espírito em que foi escrita e relevante para a realidade atual, gerando um tipo de leitura vital e orante que introduz e aprofunda a pessoa ao conhecimento do próprio Jesus Cristo (cf. DNC, n. 112; 13e; 53a). Deste modo, a pessoa enquanto lê a Palavra é chamada a respondê-la e a aderi-la na própria existência, onde esta Palavra pode ser realizada e atualizada naquilo que significa e suscita (cf. PAPOLA, 2017, p. 434).

1.2.2 Ensina o caminho da intimidade com Deus: a oração

A oração nasce da escuta da Palavra e é um encontro pessoal e íntimo com Deus, que toma a iniciativa da resposta de amor do batizado, que foi tocado no mais profundo de seu ser pela Palavra e pelo Amor e adverte a Sua presença. O catequista reconhece o caráter fundamental da oração, na qual o fiel encontra-se com Deus, estabelece uma união filial e de abandono nas mãos de seu Senhor, renovando a sua total confiança nele, de modo a suscitar "vivas experiências de oração, educando-os à responsabilidade pela fé recebida" (cf. DGC, n. 201).

O catequista atua para criar um ambiente no qual a pessoa se sente levada a partilhar aquilo que se vive, refletindo o sentido da vida, lendo e identificando os sinais da presença de Deus no cotidiano da vida, pois diante das dificuldades e fragilidades, refletem e as enfrentam porque se sentem sustentadas pela esperança, de modo que a oração entra dentro das experiências da vida (cf. DGC, n. 87; DNC, n. 265). Não se trata de somente pronunciar com piedade as fórmulas já compostas, porém de dar significado ao momento histórico em que se realiza a oração, renovando a confiança em Deus que permite fazer uma certa experiência de vida, pela qual se agradece e pede coragem e força para vivê-la com esperança.

A oração torna-se, desta forma, um modo de ver a vida, de acolher os acontecimentos, de partilhá-los no concreto, de viver e de expressar aquilo que se vive, introduzindo a pessoa em um momento particular, fazendo emergir da experiência interior a sensibilidade para abrir-se a ação de Deus. Assim, a oração é um dom de Deus realizada pela comunidade cristã reunida aqui e agora, por isso ela é chamada a ser um local que sugere valores (silêncio, recolhimento, contemplação, conversão, capacidade de escuta e de diálogo...) que proporcionam uma significativa experiência que educa a um percurso de vida espiritual (cf. CORDEIRO, 2014, p. 81).

O senso da oração é o sentido da presença de Deus em tudo, e não somente em estruturas mentais, mas nas escolhas realizadas, nas atitudes diárias, de modo que Ele entre na realidade concreta da vida. Deste modo, a oração torna-se "elevação da alma para Deus, íntimo diálogo de amor, desabafo do coração" (SCIADINI, 2006, p. 196) daquele que o admira, o louva e o acolhe como centro e realização da vida.

1.3 Catequista comunicador da comunidade

A comunidade é chamada a comunicar a esperança vivida, anunciando a Boa-nova da qual é depositária e enviando agentes que fiéis à Igreja difundem a mensagem evangélica com a máxima fidelidade (cf. *EN*, n. 15). A catequese integra o Ministério da Palavra e é considerada "um ato comunicativo, (afirmando que) a linguagem é necessária para comunicar a fé" (CELAM, 2008, p. 201), por isso o catequista é um comunicador e pertence ao grupo de agentes evangelizadores, no qual se diferencia por um detalhe bem peculiar: o de comunicar as "experiências de fé, comprometidos com o Senhor e sua Igreja com uma linguagem inculturada que seja fiel à mensagem do Evangelho e compreensível, mobilizadora e relevante para as pessoas do mundo de hoje" (DNC, n. 14b).

Neste serviço da comunicação da fé o catequista é desafiado a torná-la admissível, fazendo com que a proposta cristã seja significativa através de seu testemunho credível e de uma significativa experiência de Igreja (cf. ALBERICH, 1998, p. 45-47). Pedagogicamente, ele pode proporcionar um encontro restaurador da pessoa com a Palavra, capaz de unificá-la, conduzindo-a a uma maior concentração e auxiliando na sua maturação da fé (cf. VELASCO, 1995, p. 30).

O catequista ao comunicar a fé se atenta ao caminho de fé da pessoa e ao modo como esta fé se dirige a ela (sua pergunta de sentido, a busca pela verdade, ao uso de sua liberdade, ao seu empenho na vida...), de modo que ele possa se adequar para comunicar com mais eficácia (cf. MORANTE, 1998, p. 63). Assim, a catequese torna-se "comunicação experiencial significativa da fé cristã. A base é o princípio da correlação, entre as situações humanas e a mensagem revelada na concreta encarnação histórica da Palavra de Deus" (ALBERICH, 2001, p. 117), tal experiência o catequista é chamado a comunicar e a fazer com que outros possam experienciar.

1.3.1 Diálogo entre a fé e a cultura

Neste processo comunicativo o catequista é chamado a construir pontes, escutar e estabelecer diálogo, para acolher o outro, permitindo-o que se expresse com liberdade e esforçando-se para compreender as suas razões, de modo que possa propor um caminho compreensível e significativo de busca pela Verdade sem ferir a expressão de fé da Igreja (GIACCARDI, 2020). O catequista é disposto a escutar e é aberto ao diálogo, porque sabe que é impossível que o amor de Deus possa abandonar alguém e que a vida é questão de dar e receber, por isso ele encontra no diálogo um poderoso meio construtivo, pelo qual pode encontrar na pessoa que estiver à sua frente uma verdadeira fonte de natureza e de graça e que manifesta a presença generosa de Deus (cf. FRANCISCO, 2020, p. 11).

Os problemas e os desafios da vida se apresentam como realidade fundamental da pessoa e interrogam profundamente o catequizando, isto exige do catequista a atitude de abertura e de diálogo para ensinar, interpretar e atualizar significativamente o Evangelho de modo que ele possa ser vivido no dia a dia e admitido na cultura, favorecendo a integração da fé com a vida (GEVAERT, 2005, p. 5). Aliás, a cultura é "o espaço privilegiado da encarnação do evangelho e de confronto com outras e diversas visões da vida" (SALA, 2020, p. 362), por isso é fundamental escutar e conceber uma relação construtiva para que se possibilite descobrir e valorizar as sementes da Verdade que o bom Deus semeou em toda parte.

Neste modo de proceder, pode-se extrair diversas expressões da vida cristã na totalidade da vida do povo, pois a graça supõe a cultura e o dom de Deus encarna-se na cultura de quem o recebe (cf. *EG*, n. 115). Em razão disso, o catequista busca encontrar o equilíbrio entre diferentes realidades estimulando uma certa tensão criativa (cf. VALLABARAJ, 2009, p. 279) para "fazer chegar a proposta do Evangelho à variedade dos contextos culturais e dos destinatários" (*EG*, n. 133).

Diante disto, a catequese "é chamada a levar a força do Evangelho ao coração das culturas [...], propondo a elas o conhecimento do mistério escondido e ajudá-las a fazer surgir da sua própria tradição viva expressões originais de vida, de celebração e de pensamento cristãos" (*CT*, n. 53). O catequista age, assim, anunciando e aprofundando o Evangelho e o mistério de Cristo, de modo a suscitar e a amadurecer a fé que é graça de Deus e que encontra "o seu lugar em cada idade do homem e em todas as mentalidades, acolhendo-as, purificando-as e abrindo-as à realização segundo os desígnios de Deus" (MORANTE, 1998, p. 64).

1.3.2 Diálogo educativo

Ao buscar o diálogo, o catequista dá início a um modo pedagógico de aproximar-se, de relacionar-se no qual busca construir "uma relação interpessoal válida e fecunda que envolve as dimensões fundamentais da pessoa" (PELLEREY, 1999, p. 189). Ele cria um clima de partilha e de confiança, no qual o catequizando sente-se acolhido e livre para se expressar, e enquanto o faz, é acompanhado pelo catequista que o conduz para colher os sinais da presença de Deus em sua vida (cf. BARBOSA NETO; RESENDE FERREIRA, 2015, p. 50-51).

O catequista, enquanto educador, ativa um mecanismo no qual conduz-instruindo o catequizando, fazendo com que ele ao compartilhar a sua cultura e sem perder a sua identidade (cf. PERRENOUD, 1999, p. 33), aceita ressignificar a própria vida a partir do encontro com Jesus Cristo. Naturalmente emerge uma relação educativa de integração, que estimula a maturação da fé e a sua encarnação na história e no desenvolvimento do catequizando, possibilitando-o descobrir as virtudes e as oportunidades da vida cristã em sua própria vida (cf. NANNI, 2014, p. 178-179).

Educa-se a uma atitude que seja construtiva, crítica, corresponsável e de engajamento, na qual a pessoa torna-se capaz de tomar decisões e fazer escolhas a partir do confronto pessoal com Cristo, aderindo com todo seu ser a Sua proposta de vida. Desse modo, procede-se a consolidação das opções vitais para uma vida autenticamente cristã, demonstrando "novo jeito de viver a fé, como pessoa adulta e responsável, plenamente enraizada no mundo de hoje, contente por ser cristã, pessoas realizadas e convincentes" (ALBERICH, 1998, p. 47).

2

A ministerialidade do catequista como competência transversal

Com o intuito de que a catequese possa realizar o seu serviço de transmissão, amadurecimento e aprofundamento da fé, é necessário que o catequista garanta as condições (cognitivas, relacionais, comunitárias...) para que ela seja almejada e possível de ser alcançada (cf. FOSSION, 2008, p. 15). Isso requer dele uma certa aptidão para integrar e coadunar diversos conhecimentos e habilidades de modo que possa atingir satisfatoriamente o objetivo: de comunicar a fé e de acompanhar o seu crescimento nos irmãos (cf. DC, n. 132).

Essa aptidão é chamada de competência e pode ser definida como a "capacidade de mobilizar diversos recursos cognitivos para enfrentar um tipo de situações" (PERRENOUD, 2007, p. 11), com pertinência e eficácia. Ela se manifesta

> na capacidade de valorizar e coordenar os próprios recursos interiores e aqueles externos disponíveis para responder de modo pertinente e válido às ins-

tâncias provenientes de situações que podem também variar notavelmente entre eles, indo além dos limites das experiências alcançadas (PELLEREY, 2010a, p. 86).

Entretanto, a competência existe em forma de potência na pessoa, por isso ela deve ser ensinada de tal modo que seja aprendida, tornando a pessoa capaz de agir aplicando seus conhecimentos com destreza em circunstâncias específicas (cf. PERRENOUD, 1998, p. 25). As características subjacentes de uma pessoa, tais como um "motivo, traço, habilidade, aspecto da autoimagem ou papel social de alguém, ou um corpo de conhecimento que ele ou ela usa" (BOYATZIS, 1982, p. 21), influenciam diretamente no desenvolvimento das competências.

Ora, as competências se desenvolvem também graças ao desenvolvimento dos conhecimentos que são constituídos ao redor do campo de ação, fruto dos conhecimentos disciplinares e de cruzamentos interdisciplinares pertencentes ao conhecimento comum, profissional e experimental (cf. PERRENOUD, 1998, p. 53). Assim, a pessoa deve mobilizar seus recursos cognitivos e criar operações mentais, de modo que consiga adquirir, assimilar e aplicar conhecimentos, construindo competências que lhe permita atuar com eficácia (SPRESSOLA, 2010, p. 6).

Os saberes por serem organizados de acordo com os campos disciplinares, são independentes da competência que por sua vez é um recorte mais pragmático dos problemas que devem ser resolvidos (cf. PERRENOUD, 2007, p. 13). Por isso, que "uma específica competência é evidenciada por ter condições de ativar e integrar os recursos internos próprios e aqueles externos disponíveis" (PELLEREY, 2010b, p. 399).

Importante frisar que a competência reflete a capacidade da pessoa, aquilo que "ela pode fazer, não necessariamente o que ela faz, nem faz o tempo todo, independentemente da situação e do ambiente" (BOYATZIS, 1982, p. 23). Assim não se pode ter a pretensão de restringir a competência da pessoa a sua ação fenomenológica, mas de referi-la ao interno de um complexo quadro de critério de referência presente em um contexto comunitário (cf. PELLEREY, 2010a, p. 102).

Neste contexto de ação pastoral que envolve toda a comunidade cristã, pode-se afirmar que a competência catequética é do tipo unitária e diferenciada, podendo ser encontrada "em uma variedade de perfis profissionais dos agentes responsáveis pela catequese" (ALBERICH, 2001, p. 295). Todavia, são apontadas algumas competências de base que devem permear de modo profundo, significativo e experiencial as diversas etapas da formação dos catequistas, identificadas ao redor da quádrupla dimensão que representam os aspectos da unidade indivisível da pessoa: o *ser*; o *saber ser com*; o *saber*; o *saber fazer* (cf. DC, n. 136).

A dimensão do *ser* refere-se à fisionomia humana e cristã do catequista, pessoas convictas, profundas e significativas, portadores de uma relativa maturidade humana e de fé, identificados, inseridos e sensíveis ao próprio contexto (cf. ALBERICH, 2001, p. 295-296). O catequista desenvolve de forma progressiva a sua dimensão humana, espiritual e adquire maior consciência missionária enquanto "testemunha da fé e guardião da memória de Deus é chamado a crescer constantemente em um equilíbrio afetivo, senso crítico, unidade e liberdade interior, vivendo relações que sustentam e enriquecem a fé" (DC, n. 139).

A dimensão do *saber ser com* diz respeito ao ato relacional-comunicativo, no qual o catequista é capaz de trabalhar em equipe, criando um ambiente que favorece as relações interpessoais, cultiva a ação conjunta e solidária em uma colaboração conjunta para enfrentar os desafios, gerando crescimento e aprendizagem recíproca (cf. SORECA, 2014, p. 122). Assim, busca-se aprimorar o ato educativo e comunicativo, buscando "fazer crescer essa capacidade relacional, que se concretiza em uma disponibilidade de viver relações humanas e eclesiais de modo fraterno e sereno" (DC, n. 140).

A dimensão do *saber* abrange todo o âmbito intelectual e exige do catequista um profundo conhecimento sociocultural das pessoas de seu território, dos problemas e dos desafios concretos da pastoral em seu contexto, de modo que ele possa elaborar um sistema de saberes que auxilie a avaliar a situação em que se encontra para enfim projetar a sua ação (cf. ALBERICH, 2001, p. 297). É necessário que o catequista tenha uma sólida formação bíblico-teológica, entretanto não se pode esquecer que ele também é chamado "a conhecer a pessoa concreta e o contexto sociocultural em que vive" (DC, n. 146), pois isso ele deve enriquecer-se valendo-se das contribuições das ciências humanas.

A dimensão do *saber fazer* é composta de uma série de habilidades, que convergem em uma consciência segura de domínio sobre o processo educativo, no qual revela a eficácia no agir (cf. SORECA, 2014, p. 121). Essa dimensão tende a demonstrar os frutos do amadurecimento pedagógico e metodológico do catequista que vai assumindo a forma de educador e comunicador, mediando "o pertencimento à comunidade e de viver o serviço da catequese em um estilo de comunhão" (DC, n. 150).

Uma outra dimensão que apesar de não estar presente de modo explícito nos diretórios [e nem mesmo no documento *Critérios e itinerários* (cf. CEPABC, 2021, p. 27-33)], mas que é evidenciada pelos catequetas é o *saber estar em*, que se refere ao diálogo entre a fé e a cultura, no empenho da inculturação da fé, de modo que a presença do catequista seja testemunho dos valores evangélicos no próprio contexto social (cf. SORECA, 2013, p. 93). Essa dimensão exige do catequista uma grande capacidade de discernimento para promover uma renovada atualização do sentido da fé a partir de um engajamento integrado no meio da vida do povo fazendo com que a fé seja compreensível e desejada (cf. FOSSION, 2008, p. 21).

Ela abrange todo o âmbito intelectual e exige do catequista um profundo conhecimento sociocultural das pessoas de seu território, dos problemas e dos desafios concretos da pastoral em seu contexto, de modo que ele possa elaborar um sistema de saberes que auxilie a avaliar a situação em que se encontra para, enfim, projetar a sua ação (cf. ALBERICH, 2001, p. 297).

O conjunto destas competências torna-se um substancioso bloco de recursos que mobiliza e dinamiza a ação do catequista diante das mais complexas situações na vida da comunidade (cf. PERRENOUD, 1999, p. 15-16). Deste ato em que as variadas competências interagem de modo orquestrado para tentar solucionar algo, origina-se a um tipo de competência chamada transversal, porque "as suas características essenciais podem ser encontradas no agir de uma pessoa em muitos contextos, às vezes muito diferente entre eles" (PELLEREY, 2010a, p. 146).

As competências transversais "constituem não só os processos fundamentais do pensamento, transferíveis de uma matéria para outra, como também englobam todas as interações sociais, cognitivas, afetivas, culturais e psicomotoras" (PERRENOUD, 1998, p. 63) entre os catequistas e a realidade em seu ambiente. Nela ocorre o enlace de dois ou mais saberes que se movimentam entre diferentes atividades profissionais por meio de conhecimento e dotes pessoais que acarretam a eficácia funcional de um trabalho.

O caminho da competência transversal é convidativo, pois promove a interação entre os saberes e incrementa um modo mais humanístico de relação e empatia entre as pessoas e a comunidade. Assim, o ministro da catequese poderá crescer e se desenvolver como educador e comunicador, harmonizando os saberes e operando de modo mais eficiente nos processos de amadurecimento da fé e de manifestação da história da salvação (cf. DC, n. 148).

2.1 Competência pedagógica

A estreita relação entre a catequese e a educação resulta em uma forte interação de mútua implicação, na qual a educação com sua função libertadora e humanizante é iluminada de tal modo pela fé que potencializa a ação catequética no ato dos processos educativos de aprofundamento da fé e de conversão da pessoa (cf. GROPPO, 1986, p. 236-237). A aquisição e o desenvolvimento de competências pedagógicas tornam-se essenciais para que o catequista possa "valorizar a fé cristã de uma maneira viva, ativa, organizada e diversificada, facilitando o aprendizado e o tornando desejável" (FOSSION, 2008, p. 21).

Trata-se de ajudar o catequista a desvendar e a identificar os diversos conhecimentos e saberes que servem tanto no processo quanto nos desdobramentos da educação, fazendo com que interajam de tal forma que consiga aplicá-los articuladamente (cf. DIAS, 2010, p. 76-77). Assim, ele aperfeiçoa o seu ato educativo, no qual o catequizando consegue reescrever a sua experiência pessoal de encontro com Cristo: "é o momento no qual o sujeito acolhe a fé transmitida, interioriza-a, enquanto núcleo de significado para a própria vida e a reentrega à comunidade na partilha" (SORECA, 2014, p. 123).

O catequista é reconhecido como mestre e educador e atua no amadurecimento da opção de fé pelos processos educativos: comunicando gradualmente e em sua integralidade a mensagem cristã; interpretando a vida e o mundo à luz da fé; e transformando a opção de fé em projeto de vida (cf. GROPPO, 1986, p. 238). Ele arroga algumas importantes características educativas de diversos profissionais, tais como: professor (é depositário de um saber; preciso, claro, rigoroso e justo); animador (promove a partilha; a interação no grupo; dá atenção a cada membro; capaz de escuta; favorece o amadurecimento); facilitador de aprendizagem (estimula a cada um a procurar e descobrir ativamente um caminho; discerne os meios e os métodos); pedagogo da iniciação (fazer experiências, refletindo os significados) (cf. FOSSION, 2008, p. 22).

Essas posturas pedagógicas são assumidas pelo catequista e manifestam progressivamente no exercício de seu ministério as qualidades pedagógicas do educador, tais como "tato e sensibilidade para com as pessoas, capacidade de compreensão e de acolhida, habilidade para incentivar os processos de aprendizado, arte para orientar à maturidade humana e cristã" (ALBERICH, 2001, p. 297). No entanto, isso demanda tempo, porque primeiramente as competências devem ser conhecidas, aderidas e praticadas; só então depois, será possível observar um segundo passo no qual elas são interiorizadas, integradas e apropriadas pelo catequista (cf. MEDDI, 2008a, p. 146-147).

Desta forma, o catequista programa de modo integral competências (saberes e atitudes) de diversas áreas, focando uma ação inovativa e eficaz que vise o despertar e o amadurecimento da fé na realidade sociocultural em que se encontra (cf. FOSSION, 2008, p. 30). Além das tradicionais competências apresentadas, aparecem outras duas que podem contribuir para o exercício do Ministério de Catequista: motivador de aprendizagens e conceber e fazer evoluir os dispositivos de diferenciação.

2.1.1 *Motivador das aprendizagens*

O catequista, como responsável pela educação da fé, assume a incumbência de promover o "ensino fundamental da fé cristã pela interiorização e amadurecimento da própria fé" (ALBERICH, 2008, p. 184). Esta ação faz com que ele adentre plenamente no específico do processo de aprendizagem, através do qual os seus catequizandos podem adquirir "novas habilidades ou conhecimentos" (RONCO, 2008a, p. 90).

Por este procedimento, o catequizando forma associações entre diversos elementos e conteúdos, e à medida que os interioriza e os experimenta, promove uma mudança de atitude (cf. MERZ, 1982, p. 91). Ele, quando motivado, demonstra desejo de saber e toma a decisão de aprender, facilitando todo o "processo de construção que se dá na interação permanente do sujeito com o meio que o cerca" (WEISS, 2004, p. 26), desenvolvendo um novo comportamento que afeta diretamente o seu modo de vida.

O catequizando quando não motivado emperra todo este processo, pois ele não encontra interesse e nem manifesta vontade em se envolver nas dinâmicas propostas, bloqueando assim toda a aprendizagem. Faz-se necessário que o catequista se revista do encargo de suscitar ou manter a motivação de seus catequizandos, de tal modo que eles possam despertar a vontade de se apropriar e de dar sentido as teorias e as experiências (cf. PERRENOUD, 2007, p. 58).

Trata-se de avivar a força de iniciativa interior do desejo de saber e da vontade de aprender, na qual a pessoa desenvolve-se integralmente superando os próprios limites e transformando qualitativamente a própria estrutura mental (cf. RONCO, 2008b, p. 772). O catequista, ao motivar os catequizandos, entende despertar neles "tudo o que incentiva um indivíduo a realizar determinadas ações e persistir nelas até alcançar os seus objetivos" (LOPES, 2015, p. 46).

Ele é chamado a elaborar suas estratégias visando motivar o catequizando: de um lado, estimulando o desejo, onde dá razão ao uso e à experiência dos conhecimentos, do outro, favorecendo de modo contínuo e progressivo a decisão de aprender (cf. PERRENOUD, 2007, p. 60-61). Essa tomada de decisão manifesta aquela força interior do catequizando, que o empenha a aprofundar e a compreender os ensinamentos, assimilando-os em todas as dimensões da própria vida (cf. RONCO, 2008a, p. 93).

2.1.2 Promotor de dispositivos de diferenciação

Os catequizandos corriqueiramente são enquadrados em um modelo uniforme de catequese que tende a nivelá-los por uma certa média e fazê-los assumir um papel passivo, negando assim as pluralidades e retardando a aprendizagem (CARVALHO, 2018, p. 59-60). O instrumento da diferenciação pedagógica apresenta-se como importante recurso de "medidas didáticas que visam adaptar o processo de ensino-aprendizagem às diferenças importantes inter e intra-individuais, a fim de permitir a cada aluno atingir o seu máximo na realização dos objetivos didáticos" (DE CORTE, 1990, p. 280).

Essa competência exige que o catequista reconheça a diversidade entre os catequizandos e busque "descobrir que predisposição, que recursos e capacidades gerais e que conhecimentos prévios eles têm" (MIRAS, 1997, p. 73). Deste modo, ele poderá planejar atividades que visem otimizar a aprendizagem propondo caminhos diferenciados a partir das interações sociais (cooperação e superação de conflitos) e da compreensão do motivo das dificuldades do catequizando no processo educativo (cf. PERRENOUD, 2007, p. 48).

Os conteúdos são acolhidos e organizados diferentemente por cada pessoa, fazendo com que o processo de construção de um novo conhecimento seja único para cada um (cf. MIRAS, 1997, p. 70-72). Após o acurado diagnóstico do grupo, o catequista procurará ativar e "organizar as interações e as atividades de modo que cada um vivencie tão frequentemente quanto possível, situações fecundas de aprendizagem" (PERRENOUD, 1996, p. 29).

A atitude do catequista deve ser ativa e propositiva diante do programa estabelecido, de tal modo que ele possa articular percursos variados que permitam ao catequizando tanto assimilar o conteúdo, quanto fazer uma experiência efetiva e afetiva do todo (cf. CARVALHO, 2018, p. 64-65). A vida de comunidade também exerce um fator educativo, pois traça certas características que são apropriadas pela pessoa quando ela se engaja em uma determinada pastoral assumindo e consolidando em sua individualidade um determinado perfil (SILVA; SCHERER, 2019, p. 9).

Para favorecer a implementação de dispositivos de diferenciação é importante que o catequista desenvolva as capacidades em "administrar a heterogeneidade; abrir, ampliar a gestão do grupo; desenvolver a cooperação entre [os catequizandos] e certas formas simples de ensino mútuo" (PERRENOUD, 2007, p. 48, grifo nosso). Com isso, ele procurará criar um ambiente educativo que proporciona adequada condição para a igualdade de oportunidades de aprendizagem, por meio do acompanhamento na execução das tarefas e nas dinamizações pedagógicas, de modo que o catequizando possa desenvolver as suas capacidades no próprio ritmo (SANTOS; FREITAS, 2021, p. 31).

2.2 Competência comunicativa

A comunicação é uma dimensão constitutiva do ser humano, um fenômeno complexo de interação, composto por fases que se sucedem e por sujeitos que se relacionam enviando e recebendo sequências de sinais perceptíveis (cf. LEVER, 1986, p. 161). Dado este seu profundo valor, ela permite ao ser humano definir o próprio saber e dar sentido à própria realidade, pelo intercâmbio simbólico e da construção de significado, por tudo isso seria um equívoco limitá-la ao isolado ato de transmissão (cf. OLIVEIRA, 2002, p. 269).

Nesta perspectiva, pode-se considerar que os sujeitos envolvidos no ato comunicativo participam ativamente deste processo estabelecendo uma real interação, quando o emissor depois de organizar e codificar a mensagem, for confrontado pelo receptor, após esse ter reconhecido os sinais emitidos e reconstruído a mensagem ao interno do contexto em que vivem (cf. LEVER, 1986, p. 161-162). A ação comunicativa não deve ser considerada um ambiente passivo, mas ativo, pois os sujeitos são comprometidos na construção de uma sã relação de reconhecimento recíproco, favorecendo assim a qualidade da comunicação (recebida e manifestada) e a estruturação da própria identidade (cf. MEDDI, 2008b, p. 188).

Para que esta qualidade seja alcançada é necessário que o agente comunicador desenvolva algumas competências específicas que envolvam a aquisição de um bom conhecimento acerca de diversos elementos que compõem o processo comunicativo, e seja capaz de utilizá-los demonstrando capacidade de comunicar-se de modo apropriado ao contexto (cf. BECCARIA, 1996, p. 553).

Nesta complexa realidade da comunicação, um ato específico é o da catequese que desde sempre utilizou os meios verbais e não verbais da comunicação para desenvolver a sua missão de educar à fé, inserir o cristão na comunidade e amadurecer a sua conversão inicial (cf. GIANNATELLI, 2002, p. 147). Ela encontrando-se no desígnio de Deus cujo Verbo comunicador se encarnou e se fez presença visível na história da humanidade, elabora meios para satisfazer com eficácia o mandato de "cristo de proclamar o Evangelho a todas as criaturas e faz parte da obra de comunicação da fé da Igreja, que tem uma Palavra a transmitir e uma Boa-nova a fazer ecoar pela qual os homens por sua vez a vivam e a testemunhem" (FOSSION, 1990, p. 16).

A comunicação enquanto ciência dá ao catequista indicações pertinentes para uma adequada elaboração do encontro catequético, otimizando, assim, a sua compreensão global (cf. GIANNATELLI, 2002, p. 148). Deste modo, ela favorece o desenvolvimento de técnicas e de linguagens que corroboram de forma eficaz tanto na comunicação da fé quanto na experiência de fé, propiciando ao catequista a aquisição de uma comunicação experiencial e significativa (cf. ALBERICH, 2001, p. 297).

Ele como servidor da Palavra não pode pretender a impor a própria verdade alterando de modo subjetivo o ensinamento de Cristo, mas deve ser um companheiro que guia na compreensão da mensagem e sobretudo no encontro profundo com o Senhor que fala diretamente ao coração (cf. LEVER, 1986, p. 163). Por maior que seja o esforço para se transmitir de modo puro a mensagem de Cristo, o seu sentido será sempre enriquecido ou menos pela percepção daquele que a recebe e a transmite, diante disto é necessário que o catequista se comprometa fielmente ao depósito da fé e amadureça o "saber como fazê-la frutificar, de modo inventivo e ao mesmo tempo fiel, em sua própria palavra" (FOSSION, 1990, p. 64).

O catequista deverá paulatinamente familiarizar-se com os meios de comunicação, adquirindo conhecimento, sensibilidades e habilidades operativas que o capacite a "apresentar a história da salvação de maneira vital, para que as pessoas possam se sentir parte dela" (DC, n. 149b). Assim, ele estabelece um diálogo cultural, no qual discute temas evidenciados, cultiva a ética e a espiritualidade, alerta sobre a linguagem utilizada e reduz a fragmentação da mensagem, dando um sentido holístico em benefício da plenitude do ser humano (cf. GIANNATELLI, 2002, p. 150).

2.2.1 A relevância comunicativa e pedagógica do espaço relacional

O processo de comunicação na educação da fé não se limita à modalidade verbal, mas tende a tornar-se um modo de vida a partir da "criação de relações mútuas que determinam o que pode ser descrito como uma plataforma de entendimento, a partir da qual as intenções e os conteúdos recebem seu significado concreto nos contextos operacionais" (WUNDERLICH; MAAS, 1972, p. 117). Nesta perspectiva, adquire valor a ser cultivado e desenvolvido a capacidade relacional do catequista, "que se concretiza em uma disponibilidade de viver relações humanas e eclesiais de modo fraterno e sereno" (DC, n. 140), construindo assim vínculo com os catequizandos, entre eles e com a comunidade.

Por meio do vínculo, o catequista dá menos peso ao estilo catedrático de transmissão e inaugura outro baseado no acolhimento, no respeito, na atenção, no carinho, no olhar e na escuta apurados, de modo que o momento de aprendizagem seja compreendido como necessário e não como imposição (cf. GRASSI, 2009, p. 151). Por meio deste vínculo emerge um amor pedagógico que é capaz de superar os riscos do individualismo e da autorreferencialidade, edificando "novas relações, novas formas de estar juntos, novos tempos e novos espaços" (MORCUENDE, 2019, p. 63).

Desta maneira, ao conjugar a postura de educador com a de companheiro de viagem no processo de iniciação, o catequista sensibiliza e faz crescer a dimensão relacional também no catequizando, através da qual ele se abre para acolher a presença do Verbo encarnado na humanidade e favorece o seu inserimento em relações profundas (BIEMMI, 2016). Estabelece-se o diálogo sapiencial e espiritual a partir da reestruturação dos elementos de fundo da catequese, fazendo com que as linguagens próprias da fé se comuniquem com a vida real das pessoas, local de vivência e testemunho do Evangelho (cf. NAPOLIONI, 2008, p. 219).

Este modo de relacionar se apresenta como um tipo de aliança entre o catequista e o catequizando e assume uma característica formativa "na qual se reelabora em conjunto uma novidade de sentido que ilumina de nova luz a existência do formando e do formador" (SORECA, 2014, p. 52). Ora, a fé também nasce e se desenvolve em espaços relacionais verdadeiros que geram reciprocidade educativa, pois proporcionam encontros que oferecem testemunho e acolhida integral do outro (BIEMMI, 2016).

Da intensidade significativa do elo entre as pessoas nestes espaços, podem brotar algumas condutas que tipifiquem e potencializem as relações, tais como o respeito a liberdade interior e a busca sincera pela Verdade. A primeira refere-se a pessoa que é capaz de tomar decisões sem nenhum tipo de pressão externa e sem medo de preconceitos (cf. MEDDI, 2008b, p. 207), e a segunda explana uma certeza da fé cristã, que "o ensinamento de Cristo revela a Verdade: suas palavras revelam Deus ao homem e o homem a ele mesmo" (FOSSION, 1990, p. 58).

Por meio do vínculo e do afeto educativo, o catequista recupera a capacidade transformadora do amor atuando pedagogicamente na construção do que é plenamente humano, na integração da identidade individual, na acolhida recíproca, na compreensão e respeito do outro (cf. MORCUENDE, 2019, p. 66). Assim, o catequista age além da transmissão de conteúdos verbais e atinge a consciência, revelando-o "capaz de uma verdadeira proximidade com as pessoas, e portador de uma consciência verdadeira de si que favorece relações fecundas" (NAPOLIONI, 2008, p. 220).

2.2.2 *Conectividade atualizada com as mídias digitais*

A comunicação de massa caracteriza e influencia a humanidade, exercendo um poder totalizante de persuasão explícita e implícita materializada sob o enfoque conhecido como narratividade (arte de contar histórias e informações), fazendo das mídias digitais os novos locais de produção de sentido (cf. MARCHESSAULT, 2008, p. 68-69). Esse tipo de comunicação é caracterizado por uma linguagem própria, um "fluxo contínuo de imagens, pela mística de participação, pelo sentido de comunidade, pela concentração no momento presente [...] e pela variedade de códigos comunicativos utilizados, trata-se de uma linguagem total" (ATTANASIO, 2008, p. 141).

Esta linguagem globalizante das mídias reflete a sua capacidade de envolver completamente todas as dimensões da pessoa manifestando uma energia própria capaz de criar "uma imersão total do destinatário-sujeito ao interno da história narrada" (MEDDI, 2008b, p. 208-209). O sujeito é redimensionado ao centro da relação com as mídias dado a sua interação ativa e o seu envolvimento pleno neste ambiente digital, no qual adquire protagonismo a partir da integração das várias linguagens deste meio que tocam a integralidade de sua pessoa e influencia a escolha de percursos que conduzem a um conhecimento mais estimulante e a um aprendizado mais significativo (cf. ATTANASIO, 2008, p. 143).

As mídias digitais fornecem um universo de imagens, histórias e símbolos, criando narrativas que adquirem sentido de modo diferente em cada pessoa, e por causa disso, abrem a possibilidade de itinerários fortes, interessantes e personalizados (cf. MARCHESSAULT, 2008, p. 71). Por isso, apesar de sua complexidade, elas devem ser encaradas como

> uma oportunidade extraordinária de diálogo, encontro e intercâmbio entre pessoas, bem como acesso à informação e ao conhecimento, um contexto de participação sociopolítica e cidadania ativa. Em muitos países, a *web* e as redes sociais já constituem um lugar indispensável para se alcançar e envolver os jovens nas próprias iniciativas e atividades pastorais (ChV, n. 87).

Nas mídias digitais existem uma cultura participativa, isto é, uma certa inteligência coletiva, na qual todos devem interagir, partilhando os próprios conhecimentos, já que "nenhum de nós pode saber tudo, cada um de nós sabe alguma coisa, e podemos juntar as peças, se associarmos nossos recursos e unirmos nossas habilidades" (JENKINS, 2008, p. 4). A causa da crescente evolução das novas possibilidades de confronto e da construção de conhecimento à distância por meio da *web*, hoje essa inteligência coletiva é considerada uma inteligência conectiva a qual enuncia

> a relação interativa das mentes, uma atividade de pensamento que não precisa de um centro, no qual cada ideia tem o mesmo peso e o mesmo valor [...] desenvolve-se mais a inteligência do que a memória, mais a criação do que a produção [...] vivem apenas se interconectados e geram ideias apenas se trabalharem juntos (ATTANASIO, 2008, p. 144).

Este ambiente digital, ao promover a transmissão de narrativas e de sucessivas imagens, privilegia a esfera subjetiva e privada da pessoa que desfruta deste aparato comunicativo para consumir e experienciar sensações e emoções (cf. DC, n. 363-364). A pessoa tem acesso imediato a qualquer tipo de conteúdo, desvinculado a qualquer hierarquia de valor, gerando uma cultura imediata sem nenhuma perspectiva e sem uma visão integral (cf. DC, n. 368).

O ambiente digital não é um meio neutro de transmissão e diante da dificuldade de algumas pessoas perceberem as diferenças qualitativas e veritativas dos conteúdos, é fundamental uma educação midiática, que não se trata somente de "usar bem a tecnologia, mas compreender o contexto, os jogos de poder e os objetivos impostos pelas diretrizes econômicas e financeiras" (PASQUALETTI, 2020, p. 746). Torna-se imprescindível que o catequista assuma uma atitude que inspire a partilha e a conscientização crítica, como um companheiro de viagem dos mais jovens que apesar de serem muito capazes de usarem as tecnologias não possuem a sabedoria que a vida e a fé proporcionam (PEYRON, 2020, p. 19).

Neste cenário, é necessário que a catequese exerça uma ação interpretativa no agir comunicativo passando da sensação à interpretação e interiorização da mensagem, isto é, servindo-se do modo de proceder da mídia, ela "ajudará os seus destinatários a uma compreensão mais profunda do mistério da vida e do projeto de Deus" (MEDDI, 2008b, p. 210). A catequese deve individualizar os espaços de liberdade neste meio, criar laços que permitam uma ação consciente e de busca pelo transcendente, a partir da utilização "criativa, ritualística e participativa pelos quais os indivíduos se apropriam das mídias e constroem a partir delas e através delas, para o maior benefício de nossas comunidades e de sua vida litúrgica e sacramental" (HESS, 2005, p. 366).

A catequese acentuaria o valor da comunicação digital em que todos são autores e produtores, propondo itinerários que façam das pessoas verdadeiras protagonistas, de modo que o envolvimento delas nesta ação evangelizadora, de anúncio e de testemunho da fé acarrete um maior engajamento, "participação, interesse, atenção, até chegar a comunicação de retorno, isto é, ao escambio dos papéis entre remetente e destinatário" (ATTANASIO, 2008, p. 148). Emerge, assim, um modelo catequético inspirado na comunicação, onde de um lado promove a construção da experiência comunicativa, e do outro, atua interpretando a experiência realizada por meio de atividades que auxiliem a interioridade do catequizando (cf. MEDDI, 2008b, p. 211).

A catequese exerce, desta maneira, a sua ação como um "ato de interpretação do acontecimento de Jesus Cristo a partir de uma correlação crítica entre a experiência cristã fundamental da qual testemunhada a Tradição e a experiência humana de hoje" (GEFFRÉ, 1986, p. 70). Nesse processo de interpretação e reinterpretação criativa da mensagem cristã, ela é chamada a explorar positivamente as potencialidades da mídia por meio das suas ferramentas para produzir espaços que permitam acompanhar e promover experiências autênticas de fé e transformadoras de vida (DC, n. 371).

3

Repensar a formação do ministro catequista a partir de sua dimensão vocacional

A Carta Apostólica *Antiquum Ministerium* ao afirmar que o Ministério de Catequista "possui um forte valor vocacional" (AtM, n. 8), evidencia que ele é um verdadeiro dom de Deus enraizado no Batismo e que deve ser acolhido e cultivado. A dimensão vocacional do Ministério de Catequista ressalta o chamado de Deus no fundo do coração da pessoa, impulsionando-a a viver sua vocação batismal com a missão particular de catequista (cf. LIMA, 2021, p. 26).

Ao responder fielmente a este chamado, o catequista faz tesouro de sua experiência pessoal com Cristo, oferece a própria vida à causa do Reino, empenhando-se na transmissão, na educação da fé e na iniciação da vida cristã (CONCEIÇÃO, 2022, p. 9). Ele age como discípulo-missionário de Cristo em nome da Igreja como testemunha da fé, guardião da memória de Deus, mestre, mistagogo, acompanhador e educador daqueles que lhe foram confiados pela Igreja (cf. DC, n. 113).

O Ministério de Catequista, como uma vocação específica na Igreja, possui um papel ministerial próprio no conjunto dos vários ministérios e previne explicitamente qualquer forma prejudicial de clericalização (cf. ROMANO, 2021, p. 15). Essa dimensão vocacional adquire um importante valor formativo, pois ao destacar a proposta de retorno às fontes, em especial no catecumenato antigo, ela proporciona "a mudança de uma catequese vista apenas como transmissora de conteúdos da fé, para uma catequese querigmática, mistagógica e bíblica e, assim, com uma intrínseca relação com a liturgia" (CEPABC, 2021, p. 13).

Da profunda experiência com Cristo o catequista encontra-se holisticamente com a Verdade, reestrutura todo o seu ser e se redefine "em um movimento de transformação que o habilita a anunciar e narrar a fé na própria cultura, com as relativas categorias culturais impregnadas pela Palavra e imbuídas de um significado evangélico" (MORANTE; ORLANDO, 2004, p. 175). O catequista deve ser, com isto, convidado a iniciar um processo de formação no qual será acompanhado para acolher a sua vocação como dom e permitir que a graça divina molde o seu ser e incida em seu caráter.

O processo formativo do Ministério de Catequista deve ser orientado a acompanhar a pessoa em sua crescente conformação a Cristo, na realização de uma progressiva autotranscedência teocêntrica, capaz de introduzi-la no coração de seu ministério: acompanhar os catequizandos ao encontro verdadeiro com Jesus Cristo e à comunhão na vida comunitária (cf. SORECA, 2014, p. 146). No decorrer deste percurso a pessoa é chamada a compreender em profundidade o carisma de sua vocação, assumindo na própria vida a identidade de catequista e assimilando seu modo de ser, seus valores, suas habilidades e suas competências.

A compreensão do carisma auxilia no entendimento e no desenvolvimento de sua identidade que deve ser percebida e acolhida no íntimo de seu ser como "elemento unificador de toda a própria pessoa e como espinha dorsal da própria existência e da própria história em modo que esta possa ressignificar todo o resto" (ROGGIA, 2014, p. 77). Levando em consideração os documentos e orientações da Igreja ao longo dos anos, amadureceu-se a seguinte definição articulada, simples e profunda da identidade do catequista,

> um crente adulto chamado, evangelizador, um leitor atento da realidade à luz da fé, um mediador da Palavra de Deus, um comunicador dos conteúdos da fé, um companheiro de viagem, um guia para a compreensão dos fundamentos racionais da fé, um animador capaz de apoiar a síntese entre fé e vida na experiência dos destinatários, construtor de comunhão e de comunidade, um facilitador no discernimento vocacional e no assumir a responsabilidade eclesial dos fiéis a ele confiados, homem/mulher de harmonia capaz de evidenciar o elo entre ação eclesial e ação temporal, pronta a levar o Evangelho nos pontos críticos da existência dos sujeitos que lhe são confiados (SCIUTO, 2012, p. 23).

A identidade caracteriza e orienta de modo específico todo o processo formativo, para que a pessoa possa viver com coerência o carisma recebido. Em seguida, será a formação a desencadear processos que favoreçam a assimilação da identidade, promovendo tanto o amadurecimento humano, intelectual e espiritual quanto a integração dos valores e das características essenciais do ministério nas atitudes cotidianas da pessoa.

Ao abordar a formação do ministro catequista, procura-se evidenciar as fases (inicial e permanente) do processo formativo com as suas respectivas características. Em seguida, passa-se à valorização das dimensões das práticas evangelizadoras como elementos necessários a serem desenvolvidos com mais atenção ao longo da formação. Por fim, trata-se da espiritualidade do catequista, o seu caminho de santificação, sua relação com Deus e a sua vida de fé, de esperança e de caridade.

3.1 A formação do ministro catequista

Ser catequista significa responder fielmente ao chamado de Deus, acolher o ministério como dom e tornar-se "simultaneamente testemunha da fé, mestre e mistagogo, acompanhante e pedagogo que instrui em nome da Igreja" (AtM, n. 6). A autenticidade com a qual responde a esta vocação é expressão de seu empenho como catequista no caminho de santificação pessoal, no qual busca conformar-se em Cristo e alcançar nele uma vida plena e realizada.

A Igreja não deixa o catequista sozinho, e sim proporciona "um caminho de formação e de amadurecimento. A evangelização procura também o crescimento, o que implica tomar muito a sério, em cada pessoa, o projeto que Deus tem para ela. Cada ser humano precisa sempre mais de Cristo" (EG, n. 160). Para tanto, a Igreja busca oferecer um caminho formativo ao candidato a este ministério, com o qual acompanha o desenvolvimento, o amadurecimento e a conscientização deste dom carismático que deve ser acolhido, cultivado e vivenciado em todas as situações da vida.

A própria Igreja é formadora, mas ela também oferece mediadores para ajudar a pessoa a assumir com convicção um itinerário de discernimento vocacional, de modo a favorecer a sua preparação no caminho de sequela de Cristo ao serviço da missão de catequista. Além das capacidades técnicas estes mediadores devem também apresentar as seguintes condições,

> devem ser suficientemente educados nos caminhos do Espírito, capazes de identificar o estilo de sua ação na própria vida, na vida dos outros, no mundo. Devem ter um bom conhecimento da natureza humana, para saber distinguir a realidade das ilusões e ter em conta as implicações da história existencial de cada pessoa e do caráter e temperamento da pessoa em formação (ROGGIA, 2014, p. 81).

A partir da motivada decisão interior em ser catequista, a pessoa poderá ser admitida em um processo paulatino e progressivo de formação e de crescimento vocacional. Esse processo tem por finalidade "conscientizar os catequistas de que são discípulos missionários, ou seja, sujeitos ativos da evangelização, habilitados pela Igreja a comunicar o Evangelho e acompanhar e educar na fé" (DC, n. 132).

Nesse processo formativo, percebe-se a necessidade de elaborar alguns indicadores para orientar no discernimento dos candidatos ao Ministério de Catequista. Reporta-se aqui alguns (pré) requisitos fundamentais presentes na Carta Apostólica *Antiquum Ministerium* (n. 8):

- fé profunda e maturidade humana;
- participação ativa na vida da comunidade cristã;

- capacidade de acolhimento, generosidade e vida de comunhão fraterna;
- a devida formação bíblica, teológica, pastoral e pedagógica para sermos comunicadores atentos da verdade da fé;
- amadurecimento de uma experiência anterior de catequese.

A CNBB estabeleceu dois critérios em base a situação do catequista: já atuante ou iniciante. Os critérios para que catequistas já atuantes recebam o ministério são os seguintes (CEPABC, 2021, p. 19):

- Ser escolhido pela comunidade eclesial: a escolha cabe ao pároco, em diálogo com as coordenações paroquiais da Iniciação à Vida Cristã (IVC) e outros grupos que ele julgar oportuno;
- Ter no mínimo 20 anos de idade e 5 anos de atuação na catequese;
- Ter participado da formação básica proposta pela diocese;
- Ter participado da formação específica e imediata para a recepção do Ministério, de acordo com as orientações da CNBB (mínimo de 6 meses).

Observações:
- Em vista de um serviço estável, seja assegurado ao catequista o exercício do Ministério por um tempo prolongado, bem como a sua formação permanente, evitando-se, deste modo, a rotatividade;
- Compete às dioceses estabelecer critérios sobre a renovação (ou a não renovação) do compromisso ministerial do catequista;
- Sugere-se uma celebração de renovação do Ministério de Catequista a cada 4 anos, antecedida de um retiro.

Os critérios para que catequistas iniciantes recebam o Ministério são os seguintes (CEPABC, 2021, p. 20):

- Ser escolhido pela comunidade eclesial: a escolha cabe ao pároco, em diálogo com as coordenações paroquiais da IVC e outros grupos que ele julgar oportuno;
- Ter no mínimo 20 anos de idade;
- Ter participado do itinerário de preparação, de acordo com as orientações da CNBB: experiência de atuação de no mínimo 5 anos de catequese;
- Cumprimento de todas as etapas de formação.

Observações:
- Em vista de um serviço estável, seja assegurado ao catequista o exercício do Ministério por um tempo prolongado, bem como a sua formação permanente, evitando-se, desse modo, a rotatividade;
- Compete às dioceses estabelecer critérios sobre a renovação (ou a não renovação) do compromisso ministerial do catequista;
- Sugere-se uma celebração de renovação do Ministério de Catequista a cada 4 anos, antecedida de um retiro.

A esses critérios somam-se algumas especificações que podem guiar o processo de discernimento, como requerer que a pessoa tenha recebido os sacramentos da Iniciação à Vida Cristã. É fundamental que a pessoa dê testemunho de uma vida afetiva e sexual equilibrada, vivendo o próprio estado civil conforme as orientações da Igreja (SANTOS; FREITAS, 2021, p. 31).

Ao longo do percurso formativo, o catequista é convidado a aprofundar a fé, amadurecer a sua dimensão humana, ser inserido e engajado na vida de comunidade, receber uma adequada formação bíblica, teológica, pastoral e pedagógica, e por fim, realizar um tirocínio prático que o permita fazer uma prévia experiência de catequese (AtM, n. 8). Assim, o período de formação procura desenvolver e capacitar as várias dimensões do catequista pelos seguintes objetivos:

    a) favorecer a cada catequista o seu próprio crescimento e realização, acolhendo a proposta de Deus e sentindo-se pertencente a uma comunidade;

    b) capacitar os catequistas como comunicadores e no uso adequado dos meios de comunicação;

    c) preparar os catequistas para desenvolver as tarefas de iniciação, de educação e de ensino e para que sejam autênticos mistagogos da fé;

    d) ajudar na busca de maior maturidade na fé;

    e) mostrar quem é Jesus Cristo;

    f) preparar animadores que atuem em diferentes níveis;

    g) desenvolver uma educação da fé que ajude a fazer a inculturação da mensagem e a compreender as aspirações humanas dos interlocutores da catequese;

    h) dar condições para que o trabalho dos catequistas desenvolva a dimensão ecumênica e o diálogo inter-religioso (DNC, n. 254).

Todo processo formativo busca certo equilíbrio gradual do desenvolvimento da pessoa na qual põe atenção tanto no seu devir e quanto na sua unidade (cf. ROGGIA, 2014, p. 81). Ele é orientado a "acompanhar o catequista a amadurecer uma consciente adesão a Cristo, a viver a pertença responsável à comunidade eclesial e a realizar a síntese da fé com outros pontos fundamentais da sua vida" (SORECA, 2014, p. 153).

Se bem executado, esse percurso pode conduzir ao desenvolvimento integral e harmônico do catequista, de tal modo que o permita expressar a sua pertença ao Senhor por meio de suas atitudes e escolhas cotidianas. Assim, a ação formativa torna-se "um processo de integração de todas as dimensões e das forças dinâmicas ao redor do princípio de unidade constituído da opção fundamental e definitiva por Cristo" (ROGGIA, 2014, p. 81).

3.1.1 A formação inicial

A formação inicial auxilia a pessoa a permanecer em prontidão para acolher a ação do Espírito Santo, preparando-a de tal modo que seja disponível para deixar-se formar toda a vida durante toda a sua existência (cf. CENCINI, 2005, p. 10). Por isso, é fundamental reconhecer o protagonismo do Espírito Santo, que além de acompanhar, animar, ensinar e recordar a vida e as palavras de Jesus ao vocacionado, também age conduzindo-o por meio da autenticidade da vida vocacional a estatura da plena maturidade de Cristo (cf. ROGGIA, 2014, p. 80).

Esta atitude de abertura e de acolhimento torna-se o terreno propício para que todo o ser da pessoa entre no processo formativo de maturidade pessoal e de conformação a Cristo, de modo que as suas intenções e o seu comportamento reflitam a identidade ministerial do carisma que recebeu (cf. SPIGA, 2014, p. 54). Durante esta fase inicial, forma-se na pessoa uma disponibilidade propositiva, de modo que ele se sinta "livre para abrir-se em direção a toda realidade ao seu redor que poderia direta ou indiretamente ter um influxo educativo-formativo sobre ele" (CENCINI, 2005, p. 10).

Esta liberdade interior é condição necessária para a formação inicial, que é uma etapa na qual a pessoa é convidada a aprender, a assimilar e a integrar as capacidades e competências fundamentais da fé e da sua comunicação de modo que possa realizar criativamente o seu Ministério de Catequista (cf. BIEMMI, 2013, p. 101). Esta etapa deve primeiramente favorecer a aquisição de uma cultura geral, em seguida promover uma certa especialização através de competências específicas por meio de programas que alternem a teoria e a prática (cf. REDING, 2003, p. 26).

Na formação inicial do catequista é fundamental que ele possa ter um bom "conhecimento da pessoa humana, do contexto sociocultural, da pedagogia da fé e da mensagem cristã" (DNC, n. 291). Nela existem ao menos cinco competências que necessariamente devem ser adquiridas pelos futuros ministros: bíblica/teológica; cultural; organizativa; pedagógica; espiritual.

A competência bíblico/teológica, considerada a primeira condição para a catequese, consiste em capacitar o catequista na apresentação da fé cristã e na explicação das afirmações fundamentais do Creio de forma que seja acessível e desejável (cf. FOSSION, 2008, p. 16). Ela o prepara para a leitura correta das Escrituras, para a compreensão da história da salvação de modo que consiga confrontar as diferentes afirmações de fé e os aspectos da vida cristã (cf. BIEMMI, 2013, p. 102).

A competência cultural refere-se à capacidade do catequista de se inserir no contexto sociocultural de seus destinatários, de modo que consiga falar da fé em linguagem familiar, utilizando os valores culturais e os fatos concretos do dia a dia deles (cf. FOSSION, 2008, p. 19). Essa competência exige o esforço do catequista em interessar-se dos interesses dos destinatários de modo que amadureçam um olhar esperançoso da realidade cultural em que se encontra (cf. BIEMMI, 2013, p. 102).

A aquisição da competência pedagógica é essencial na missão do catequista, que também é chamado a ser pedagogo, habilitando-o "a um conjunto variado de abordagens educativas e metodologias práticas" (FOSSION, 2008, p. 21). Por meio dela ele será capaz de "introduzir a fé através de um processo pedagógico pensado e organizado, além de propor experiências, com as quais marcam a vida pessoal e constroem a identidade pessoal e comunitária da fé" (BIEMMI, 2013, p. 102).

Já que a catequese é de responsabilidade de toda a comunidade, é necessário que o catequista desenvolva uma certa competência organizativa, de modo que ele seja "capaz de se inserir no projeto global que uma comunidade cristã se propõe para assegurar, de várias maneiras, o serviço da fé desde o seu despertar até o seu amadurecimento" (FOSSION, 2008, p. 24). Por fim, o catequista é chamado a adquirir a competência espiritual, ou seja, fazer com que a sua missão seja lugar de experiência com Deus, de acolhida do Evangelho e de habitação do Espírito Santo, de modo que além de viver a espiritualidade comum a todos os cristãos, que ele possa cultivar: "a escuta do outro, o respeito a liberdade, a confiança na pessoa, a paciência, o espírito de serviço e de ajuda recíproca, a renúncia ao controle dos resultados" (BIEMMI, 2013, p. 103).

3.1.2. A formação permanente

A formação inicial tende a preparar o catequista para uma formação que continuará por toda a vida, criando nele uma predisposição para abrir-se a influxos educativos-formativos em um movimento de disponibilidade, acolhida e iniciativa (cf. CENCINI, 2005, p. 10-11). Deste modo, ele vai progressivamente solidificando a identidade mais profunda de seu ser, pois todo o processo ocorre em seu interior, toca profundamente a sua liberdade e transforma as suas atitudes e comportamentos refletindo assim o seu caminho de conformação a Jesus Cristo (cf. DC, n. 131).

A formação permanente é um estilo de vida que estimula o crescimento pessoal assumida pelo catequista, na qual ele se responsabiliza em atualizar-se de forma contínua, acolhendo as propostas eclesiais (diacrônico) e aperfeiçoando-se com os recursos da cultura (sincrônico) (cf. ROGGIA, 2014, p. 84). Esta atitude interior enraizada no ser da pessoa revela-se uma grande força motivadora que sob o influxo do Espírito Santo transparece um modo concreto de ir ao encontro da vida, de entender a fé e de viver a própria vocação (cf. CENCINI, 2005, p. 11).

A formação permanente é uma necessidade fundamental deste ministério e deve ser assumida pelo catequista como expressão de cuidado com a própria formação de modo responsável e com perseverança, tanto de forma sistemática quanto assistemática no cotidiano da vida (cf. DNC, n. 257; 267; 278). Assim, a formação permanente é um incessante devir a causa de sua própria estrutura dinâmica, pois requer uma renovação diária ao chamado de Deus e prontidão diante das novas exigências pastorais, o que permite ao catequista de viver plenamente o seu ministério em cada fase de sua vida.

O tempo de formação permanente deve ser pautado por um aprendizado que valorize a experiência, superando uma formação como informação na qual muitas vezes se transcura o ser do catequista, pressupondo que para saber fazer seja suficiente somente o saber (BIEMMI, 2003, p. 8). É necessário integrar melhor a teoria e a prática, considerando que "a natureza e a qualidade dessa experiência prática devem ser cuidadosamente planejadas e avaliadas e usadas para desenvolver a compreensão de como o aprendizado pode ser melhor promovido em circunstâncias às vezes muito complexas e desafiadoras" (DONALDSON, 2011, p. 5).

Dar importância aos conhecimentos adquiridos com a prática significa habilitar o catequista a ter na experiência um lugar de aprendizado contínuo e de aperfeiçoamento do próprio ministério (cf. BIEMMI, 2013, p. 103). Não se trata de uma exaltação da prática, mas de colher os frutos de sua interação com a razão, e desenvolver um conhecimento a partir de tudo o que foi experienciado (cf. MEDDI, 2012, p. 109).

E para que a experiência seja um caminho fecundo de aquisição de conhecimento, é necessário habilitar e cultivar durante toda a formação permanente dos ministros de catequese as seguintes competências,

> 1) Aprender a observar e observar-se: atitude de acolhida; habilitar para se tornar "pensadamente prático" é condição para uma melhoria constante do próprio serviço;
> 2) Interpretar o que se faz: compreender é também saber arriscar uma hipótese sobre o que você está fazendo;
> 3) Ousar a ação: fase de elaboração estratégica da ação formativa. A formação permanente (aprender fazendo) encontra sua escola fundamental na coragem de uma prática inteligente e continuamente testada;
> 4) Manter a perspectiva: capacidade de cultivar o sonho; supera a barreira do imediatismo, permite agir com esperança (BIEMMI, 2013, p. 103-104).

A obtenção destas competências abre caminho para um modelo de trabalho de laboratório, no qual se busca "integrar momentos expositivos com módulos de oficinas, nos quais alguns elementos assimilados são verificados na vida dos catequistas e reelaborados em vista da comunicação da fé" (BIEMMI, 2011, p. 66). Este modelo move-se na linha da formação como transformação, e por buscar relacionar os vários elementos de conhecimento e de experiência, ele "não tem como objetivo tornar as pessoas conhecedoras de um determinado argumento ou setor, mas sim torná-las capazes de trabalhar pela aquisição de várias competências, oriundas de diferentes disciplinas" (BIEMMI, 2003, p. 9).

Este modelo valoriza o trabalho realizado em grupo, em especial o grupo de catequistas que se apresenta como laboratório formativo permanente, porque é o contexto real de partilha do caminho de fé, de experiência e discernimento pastoral, de preparação, realização e avaliação dos itinerários (cf. DC, n. 134). Ele é uma comunidade de troca de competências e experiências, "de aprendizagem informal, onde a partilha da paixão e do interesse pelo serviço da catequese estrutura a identidade do grupo e é condição para a aquisição de competências coletivas" (SORECA, 2014, p. 153).

A formação permanente é um processo que dura por toda a vida, pois ela revela o compromisso pessoal de viver fiel e plenamente o chamado do Senhor em atitude de abertura a ação criativa e dinâmica do Espírito Santo que promove uma capacitação contínua no ministro. Por isso, é importante assumi-la seriamente como empenho constitutivo deste ministério e como condição para a permanência nele.

3.2. As dimensões das práticas evangelizadoras da Igreja

O projeto do Reino de Deus que está no centro do anúncio de Jesus Cristo (cf. *EN*, n. 14), é uma salvação presente e operosa manifestada pela sua ação potente que "revelava aos homens a misericórdia de Deus a sua vontade salvadora" (SCHNACKENBURG, 1961, p. 58). É no coração do ser humano que se encontra o terreno propício para que a realeza de Deus possa se estabelecer e crescer, pois o seu Reino é "dom e promessa. Já nos foi dado em Jesus, mas deve ainda se realizar em plenitude" ("Mensagem do Santo Padre Francisco para a XXIX Jornada Mundial da Juventude", 2014).

O Reino é graça de Deus para a humanidade, é um dom que só pode ser acolhido se houver um real empenho de conversão e de fé em acatar a sua divina vontade e viver em comunhão com Ele (cf. KÜNG, 1969, p. 53-58). Ao seu serviço encontra-se a Igreja que há no âmago de sua missão o mandato "de anunciar e instaurar o Reino de Cristo e de Deus em todos os povos e constitui o germe e o princípio deste mesmo Reino na terra" (*LG*, n. 5).

Ela é sinal do Reino e "manifesta de modo visível o que Deus está realizando silenciosamente no mundo inteiro" (DP, n. 227). Ciente de que esta graça não deve ser limitada e sim facilitada, ela não economiza forças e nem mede esforços em seu empenho na construção e propagação deste Reino de vida plena, de dignificação e santificação do ser humano (cf. DAp, n. 361; 384).

A Igreja não existe para si mesma, porém está a serviço do Reino, por isso ela atua concretamente para realizá-lo no mundo, fazendo-o crescer segundo o plano de Deus e tornando-o um lugar mais humano a partir dos valores típicos do Reino: fraternidade, união, liberdade e paz (cf. ALBERICH, 1982, p. 20-21). Ela age em *sequela Christi* pregando, celebrando e exercendo a caridade no mundo, pois por graça divina ela é "um *ministerium* sob a forma de serviço: serviço de Deus concebido como serviço do homem e serviço do homem como serviço de Deus" (KÜNG, 1969, p. 111).

Este modo de atuar da Igreja manifesta algumas funções que correspondem os seus elementos estruturantes e que tornam visível o Reino, tais como a sua vida de comunhão (*Koinonia*), o anúncio da Palavra (*Martyria*), celebração da Eucaristia (*Leitourgia*) e o cuidado pela vida do outro (*Diakonia*) (cf. SEVESO, 1989, p. 43). Esses elementos formam uma rede de encadeamento de ações eclesiais que se intercalam e atuam em diferentes âmbitos da missão da Igreja para a implementação e realização do Reino (cf. FLORISTÁN, 2009, p. 169).

Eles correspondem a "todas aquelas atividades nas quais a Igreja atua a sua essência, não para afirmar a si mesma, mas para entregar-se a Deus e servir à salvação dos homens" (SCHURR, 1976, p. 199), sendo, com isso, determinantes no cumprimento da missão. De modo específico, estas quatro ações eclesiais não devem ser jamais separadas, já que são profundamente ligadas entre si, pois constitutivamente se interagem de modo complementar, manifestando assim, a unidade e a totalidade da experiência cristã (cf. ALBERICH, 2001, p. 46-47).

A catequese tem como incumbência uma ação educativa integral que permite a experiência de vida de comunhão e fraternidade, a comunicação da Palavra, a celebração litúrgica da comunidade reunida e o empenho concreto de solidariedade e caridade. A ação do catequista é inserida nesta ação eclesial de evangelização, fazendo o Reino de Deus presente no mundo, reunindo à volta de sua mesa todos os homens para assim construir e edificar a comunidade (cf. *EG*, n. 176; 237).

3.2.1 A koinonia *como estratégia*

A *koinonia* é sinal da experiência de comunhão entre os batizados, a qual reflete a identidade da Igreja como "comunidade de fé, esperança e amor, por meio da qual difunde em todos a verdade e a graça" (*LG*, n. 8). Ela manifesta um novo estilo eclesial de convivência, onde os irmãos reconciliados e unidos estão juntos, respeitando as diferenças e somando forças para a construção da fraternidade evangélica (cf. ALBERICH, 1982, p. 23).

Por meio deste seu *modus operandi* a Igreja reflete concretamente a harmoniosa relação da Trindade, pois ela acolhe todos os batizados, faz unidade da diversidade e proporciona uma autêntica experiência fraterna (PAGNUSSAT, 2020, p. 10). A catequese assume a responsabilidade de promover a construção de uma nova fraternidade, "desvelando o mistério da comunhão ao tempo que revela a paternidade de Deus na fraternidade cristã. Seu objetivo consiste em fazer crescer a comunidade inteira" (FLORISTÁN, 2009, p. 180).

A comunhão é dom do Espírito Santo que permite ao batizado entrar em contato íntimo com Deus, cujo fruto ecoa em sua vida pessoal despertando o desejo de construir relação profunda de fraternidade e de caridade, inspirando a vivência em "um só coração e uma só alma" (At 4,32). A catequese procura desenvolver a capacidade relacional do fiel e iniciá-lo ao mistério de comunhão e de partilha da vida na experiência de comunidade dos batizados, de modo que "educando a comunhão, a catequese educa a viver na Igreja e como Igreja" (DC, n. 176).

Assim, pode-se fazer uma autêntica experiência de Deus, enaltecendo uma vida eclesial de comunidade que superando o clericalismo e qualquer forma de discriminação origina uma nova forma a comunidade, vivida em clima de alegria, de acolhida e de partilha, como espaço de liberdade e de compreensão para amar, celebrar e servir a Deus e aos irmãos (cf. ALBERICH, 2001, p. 55). Uma significativa expressão da experiência de comunhão na comunidade é o grupo de catequistas, local de celebração, de escuta da Palavra, de partilha de vida e de competências, de corresponsabilidade e testemunho na missão (cf. DC, n. 116f).

O grupo de catequistas é lugar de aprofundamento comum da fé e comunidade ministerial, oportunizando um dinamismo formativo informal a partir do compartilhamento de experiências, do estar junto e do rezar juntos (cf. SORECA, 2014, p. 88). Deste modo, o grupo de catequistas adquire um aspecto de itinerário de formação permanente, no qual, "compartilha-se tanto o caminho da fé quanto à experiência pastoral, amadurecendo-se a identidade de catequista e se toma cada vez mais consciência do projeto de evangelização" (DC, n. 134).

3.2.2 A *competência* martyria *comunicativa*

A *martyria* é sinal profético de comunicação da fé por meio do testemunho e do anúncio da Palavra, que se manifestam "como chave de interpretação da vida e da história" (ALBERICH, 1982, p. 23) da pessoa e da comunidade. Ela requer da catequese a disposição para acolher e valorizar o testemunho como atitude que acentua o sentido profético da vida cristã e evidencia a sua ação de fazer ecoar a Palavra (PAGNUSSAT, 2020, p. 10).

A catequese está intimamente ligada à Escritura, e exerce o seu serviço eclesial da Palavra promovendo o estudo sistemático do texto bíblico e acompanhando a experiência de fé do cristão (cf. MONTISCI, 2020, p. 62). Agindo assim, ela busca auxiliar uma "justa compreensão da Bíblia e à sua leitura frutuosa, que permitam descobrir a verdade divina que ela contém e que suscitem uma resposta, à mensagem que Deus dirige por sua palavra à humanidade" (PONTIFÍCIA COMISSÃO BÍBLICA, 2010, p. 152).

Ao proclamar o Evangelho com atos e palavras, a catequese atua profeticamente no anúncio salvífico, na qual tende a "despertar a fé, desvendar o sentido de Deus e revelar o horizonte cristão do projeto humano" (FLORISTÁN, 2009, p. 179). Ela é também mediação, pela qual não transmite somente verdades de fé, mas anunciando a Palavra ela comunica Deus à humanidade, revelando a sua presença e o seu projeto de salvação (cf. ALBERICH, 2001, p. 85).

Se as palavras têm o poder do convencimento, muito maior será a sua força de persuasão se o conteúdo proclamado estiver congruente com o estilo de vida do proclamador, por isso que "o testemunho da vida cristã é a primeira e insubstituível forma de missão" (*RM*, n. 42). O ato supremo do testemunho é o martírio, quando de modo notório e definitivo o cristão derrama o próprio sangue por Cristo, demonstra-se "capaz de assumir como sua a verdade de Cristo e a vive em todos os momentos da existência, mesmo diante da certeza da morte suscitada pela confissão de sua fé" (SIGNORINI, 2010, p. 21).

A catequese faz com que o batizado cresça na consciência de pertencer a Jesus Cristo inserido em uma realidade concreta, na qual assume a missão de "compartilhar a experiência do acontecimento do encontro com Cristo, testemunhá-lo e anunciá-lo de pessoa a pessoa, de comunidade a comunidade e da Igreja a todos os confins do mundo" (DAp, n. 145). Os batizados assumem a vida de "testemunhas do anúncio do Evangelho com a palavra e com o exemplo da vida cristã" (DC, n. 110), expressão da fé e fruto do encontro significativo e transformador com o Jesus Cristo.

3.2.3 A *competência* leitourgia *sacramental*

A *leitourgia* ou vida sacramental abrange o "conjunto da celebração dos mistérios cristãos" (FLORISTÁN, 2009, p. 181) em seus vários aspectos. Ela possui perspectiva evangelizadora, pois encontra-se dentro da história da salvação, estimula a participação do povo de Deus e valoriza a Palavra unindo-a intimamente ao rito (cf. PAGNUSSAT, 2020, p. 10).

No contexto celebrativo da experiência cristã, a ação litúrgica "responde à exigência de celebrar a vida, de acolher e expressar no símbolo o dom da salvação e o mistério da existência" (ALBERICH, 1982, p. 23). Ela é lugar privilegiado de educação da fé, porque "enquanto celebração ela é ao mesmo tempo anúncio e vivência dos mistérios salvíficos; contém, em forma expressiva e unitária a globalidade da mensagem cristã" (DNC, n. 118).

Assim, a liturgia pode ser considerada como catequese permanente da Igreja, pois ela atua catequeticamente na liturgia da Palavra, na homilia, nas orações dos ritos sacramentais e nos itinerários do ano litúrgico (cf. ALBERICH, 2001, p. 266). Entretanto, mesmo havendo tal valor didático a liturgia não é intelectualista, ou seja, não se interessa em expor ideias ou argumentos, mas opta pela estrada da intuição, envolvendo o corpo, o sentimento, a emoção, enfim, todo o ser (cf. LÓPEZ MARTÍN, 1999, p. 1.383).

Nela "não se trata precisamente de conceitos, mas sim de realidades. E não de realidades passadas, mas sim de realidades presentes, que se repetem constantemente em nós e para nós, de realidade humana em figura de gesto" (GUARDINI, 1960, p. 113). Dessa maneira, é importante inserir o batizado em um horizonte experiencial próprio da vida, para em seguida, promover uma gradual experiência na vida comunitária e na experiência da celebração.

Nesta linha, é preciso então que a comunidade cristã constitua "espaços, onde a vida e a história sejam celebradas, exaltadas, e relançadas como projeto e como local de realização do Reino" (ALBERICH, 1982, p. 23), favorecendo, com isso, uma frutuosa vida litúrgica. Deste modo, a catequese e os ritos litúrgicos após iniciarem o fiel no conhecimento da fé e no aprendizado da vida cristã (cf. DC, n. 34), devem acompanhá-lo para que faça experiência da celebração e seja capaz de narrar o que foi vivenciado.

Pedagogicamente se torna necessário iniciar os batizados no significado dos sinais, dos ritos e dos símbolos da celebração, de modo que eles possam estar aptos à experiência do mistério. Não se trata de fazer da liturgia a catequese, mas de notar a complementariedade inseparável e manter as próprias características, de um lado a liturgia com o seu caráter celebrativo, ápice e fonte da vida cristã, e do outro a catequese que se realiza plenamente quando participa e faz experiência da vida litúrgica (DC, n. 96).

3.2.4 A diakonia e o empenho sociopolítico

A mediação evangelizadora da *diakonia* restaura na Igreja aquele modo de ser servidora da humanidade, que a exemplo de seu Mestre não procura se distinguir pelo poder, mas pela sua caridade pastoral em se colocar à disposição para servir o Reino (cf. PAGNUSSAT, 2020, p. 10). Ela é um novo jeito de ser e de amar da Igreja no mundo, na qual a comunidade cristã se inspira para atuar com dedicação a favor da humanidade, fazendo com que o anúncio evangélico seja crível e tornando-se assim, alternativa ao egoísmo que envenena as relações humanas (cf. ALBERICH, 1982, p. 22).

De fato, a Igreja busca uma relação próxima e consistente no mundo, para isso ela dá o primeiro passo promovendo o "resgate do humano, que iluminado pela fé, constitui o gancho para a presença pública da Igreja na sociedade" (TEIXEIRA; SILVA, 2010, p. 21). Ela assume a atitude de *saída*, manifestando que "sabe ir à frente, sabe tomar a iniciativa sem medo, ir ao encontro, procurar os afastados e chegar às encruzilhadas dos caminhos para convidar os excluídos. Vive um desejo inexaurível de oferecer misericórdia" (*EG*, n. 24).

Neste modo de proceder a comunidade cristã atribui-se um compromisso de serviço de caridade onde procura revelar "o mistério da edificação do Reino fora das fronteiras da Igreja, através de uma sociedade mais humana, a saber, mais justa e livre" (FLORISTÁN, 2009, p. 181). Ela realiza esta missão no amor e no serviço fraterno, valorizando o testemunho, a solidariedade com os pobres e a promoção integral de todos os homens (cf. ALBERICH, 2001, p. 54).

A comunidade cristã é o local das pessoas reunidas por Deus, onde cada um pela força do batismo é chamado a ser sujeito evangelizador da Igreja participando ativamente de sua missão no mundo (cf. TEIXEIRA; SILVA, 2010, p. 22). Ele respondendo ao chamado que Deus faz em seu coração, coloca-se à disposição para "acolher o convite de Deus ao serviço dos irmãos, com atitudes de total adesão à sua vontade" (FONTES, 2021, p. 11).

Este ardor pela missão caracteriza a caridade pastoral do cristão que replica na vida cotidiana as atitudes que brotam do coração de Cristo, que como servo obediente e bom pastor consumiu-se por inteiro pela redenção da humanidade. Deste modo, pode-se declarar que "servir tanto nas pequenas quanto nas grandes coisas é a atitude de quem entendeu profundamente o amor de Deus pelo ser humano e não pode fazer outra coisa senão derramá-lo nos outros, cuidando das pessoas e do mundo" (DC, n. 128).

Enfim, a *diakonia* experimentada na comunidade manifesta a presença amorosa de Deus, que zela e cuida de seu povo, por isso ela é vivida harmonicamente como atenção pastoral e trabalho social, abrangendo "a ampla etapa do exercício da existência no mundo. Todos os saberes e técnicas estão a serviço da transformação da realidade ou da libertação, através da práxis da justiça" (FLORISTÁN, 2009, p. 181). Assim, todos os batizados estão comprometidos com uma vida de caridade, que não se coloca à margem na luta pela justiça, mas que "purificando a razão de todos aqueles elementos que ofuscam e impedem a realização de uma libertação integral, [...] para que despertem na sociedade as forças espirituais necessárias e se desenvolvam os valores sociais" (DAp, n. 385).

3.3 A Espiritualidade do ministro catequista

A vida de fé exige de todo batizado abertura a ação do Espírito Santo, de tal modo que ele seja integralmente envolvido pela graça divina, unido misticamente com o Cristo e impulsionado à missão (cf. PRINCIPE, 2003, p. 793). O cristão empenha-se efetivamente em plasmar a própria vida àquela de Cristo, estabelecer íntima união com Deus e encontrar a santidade no exercício fiel e coerente das responsabilidades assumidas no batismo e confiadas pela Igreja.

Esta atitude manifesta a dimensão espiritual do ser humano e pode ser compreendida como "todo movimento do Espírito no indivíduo e na comunidade dos crentes, que há, por parte do homem, a característica de se deixar conduzir por Deus, para o qual se coloca em atitude de vigilância e receptividade" (STACHEL, 1986, p. 604). Ela revela a relação da pessoa com o Mistério, alicerçando-a na experiência de Deus da qual, posteriormente, traduz em gestos concretos no cotidiano a sua escolha cristã, proporcionando, com isso, profundidade e autenticidade à sua vivência de fé (BORGHETI, 2010, p. 27).

A vida espiritual deve ser profundamente unificada no ser do batizado, manifestando estar "permanentemente ligada, pela presença de Cristo, a todos os outros aspectos da existência cristã (os quais), ela os atravessa e o ilumina" (DUPLEIX, 2008, p. 153). Assim, ela sob a ação do Espírito Santo, além de conduzir a pessoa no seguimento de Jesus, também orienta as suas dimensões ativas, pois o caminho da espiritualidade é estreitamente ligado a vida concreta (CASTRO, 1995, p. 15).

Deste modo, o cristão é fermento em que se encontra e responde ao chamado de Deus pelo próprio ofício, em que guiado pelo espírito evangélico, concorre para a santificação do mundo e manifesta Cristo aos outros pelo testemunho da própria vida, pela irradiação da sua fé, esperança e caridade (cf. *LG*, n. 31). A sua vida concreta revela uma realidade "teológica e eclesial, pois, é na sua situação intramundana que Deus manifesta o Seu plano e comunica a especial vocação de procurar o Reino de Deus, tratando das realidades temporais e ordenando-as segundo Deus" (*ChL*, n. 15).

Presume-se, assim, que a espiritualidade cristã exige uma fé que "não possa ser separada da experiência de vida; o anúncio não fica fechado no coração do ouvinte, mas abre-o para compartilhar o dom do Evangelho com os irmãos e irmãs que encontra em seu caminho" (FODARO, 2020, p. 97). Portanto, todos os cristãos são chamados ao discipulado e enviados em missão para "libertarem a mesma criação da influência do pecado e santificarem a si mesmos no matrimônio ou na vida celibatária, na família, no emprego e nas várias atividades sociais" (*ChL*, n. 15).

Entretanto, alguns são suscitados pelo Espírito Santo a realizarem o discipulado e a missão a partir de uma adesão pessoal à proposta de Cristo, pelos serviços ou ministérios, os quais concedem a ele teor de plenitude e de sentido de vida (cf. BORGHETI, 2010, p. 26). Por meio deles, o cristão responde de modo concreto ao chamado pessoal que Cristo faz em seu coração para evangelizar e santificar a humanidade, dar testemunho dele e encontrar-se com Deus na realidade da vida dos destinatários que a Divina Providência envia (cf. AA, n. 2).

O catequista, ao acolher a sua vocação como dom, assume o compromisso de cultivar de forma permanente a sua relação com Deus, zelando por momentos de encontro e de experiência com Cristo capazes de motivar e sustentar a sua vida vocacional. Ele vive a sua vida de fé adulta exercitando o seu ministério com "uma espiritualidade profunda, não no sentido 'espiritualista' ou passiva, mas a maneira de uma vitalidade interior atenta nas inspirações do Espírito Santo" (DERROITTE, 2006, p. 385).

Neste contexto, o catequista desenvolve uma espiritualidade própria de seu serviço ministerial de caráter apostólico (de quem é enviado a ser, fazer e realizar), com a qual vive a sua experiência cristã e aprende a unir-se com Deus no ato educativo-pedagógico da fé com os seus catequizandos. A sua espiritualidade "brota da vida em Cristo, que se alimenta na ação litúrgica e se expressa a partir da própria atividade de educador da fé, da mística daquele que está a serviço da Palavra de Deus" (DNC, n. 13k).

A própria catequese exige de seu ministro um modo carismático de ser, em que os catequizandos possam fazer experiência de encontro com Cristo no processo de educação da fé, superando assim, o modelo que a reduzia a um simples manual de repetição doutrinal por um modelo de caminho em conjunto entre o catequista e o catequizando (cf. CUMIA, 2020, p. 125). Por isso que o Ministério de Catequista, sendo "dom do Espírito à Igreja, pressupõe a necessidade de uma espiritualidade forte... (e requer) qualidades ascéticas, virtudes, atitudes interiores, indispensáveis para dar credibilidade ao seu trabalho" (GATTI, 1986, p. 605).

3.3.1 O primado de Deus na vida do ministro catequista

O Ministério de Catequista envolve e caracteriza todo o ser do ministro, pois solicita dele um estilo de vida marcado pela incessante oração e constante atitude de fé, de esperança e de caridade (DAMU, 1996, p. 8). Ele busca estabelecer de modo simples e permanente um diálogo com Deus, uma união tão profunda com Cristo que dela emana o desejo de santidade, a partir da qual, orienta as decisões de sua vida e enfrentar com confiança as situações cotidianas.

A espiritualidade do catequista não é abstrata e nem independente, mas refere-se à totalidade da realidade humana, proporcionando a graça de unidade entre a oração e as ações concretas (ABDALLA, 2004, p. 11). Ele desenvolve a sensibilidade de perceber a presença divina em suas atividades e nos acontecimentos históricos, vivendo assim com atitudes de fé e de compromisso com o próximo (cf. CARVALHO, 2014, p. 8-9).

Este modo de vida manifesta uma coerência interior e se transforma em um poderoso elemento educativo, o qual faz do catequista uma testemunha viva e atraente de tudo aquilo que transmite, favorecendo, desta forma, o encontro e a adesão pessoal dos catequizandos com Jesus Cristo (LIMA, 2014, p. 5). A uniformidade harmônica neste modo de proceder torna-se prova de veracidade vital capaz de "suprir com o exemplo de sua vida o que pode faltar no conhecimento da informação. Assim, apresentará a verdade e a encarnará particularmente quando se trata da vida espiritual" (RAMSEY, 2003, p. 361).

Esta espiritualidade nutre o catequista da presença efetiva de Deus em sua vida cotidiana, solidifica o seu engajamento ministerial e favorece uma experiência íntima de todo o seu ser com Àquele que o envia (cf. DUPLEIX, 2008, p. 154). Ela se enraíza fortemente nas situações da vida, concretizando-se nas "relações essenciais que possui com os sujeitos que encontra, com a Igreja em que atua, com a sociedade em que está inserida" (DAMU, 1998, p. 86).

A espiritualidade do catequista é intimamente ligada a preparação intelectual do ministro, favorece a sua união com Deus e o capacita para a missão específica permitindo-lhe "expressar sua função educativa, mediante a permanente atitude de escuta aos outros; mediante a disposição a exercer a correção fraterna com espírito evangélico e o equilíbrio entre a exigência do dever e a compreensão das limitações dos outros" (CELAM, 2008, p. 158). O estudo aumenta a compreensão com a qual o catequista entra em oração, sustenta a sua integração de vida de fé, colabora no seu discernimento de decisão moral, auxilia na sua busca da santidade e alimenta a sua relação com o próprio ministério (cf. NOFFKE, 2003, p. 960).

O catequista encontra no ser educador um caminho específico de santidade e de modo de ser, plasmando a sua ação no seguinte binômio: evangelizar educando e educar evangelizando. Essa intensa vivência espiritual reveste-o por inteiro e gradualmente promove "uma síntese entre a sua vida e a fé, o seu ser e o seu agir, para tornar assim mais transparente e credível a própria experiência cristã na comunidade" (GATTI, 1986, p. 606).

3.3.2 Elementos da espiritualidade do catequista

O catequista leva uma vida espiritual simples e profunda, faz de seus momentos de oração um real encontro de comunhão com Deus, apresentando-o a sua vida concreta com suas ânsias e esperanças, e intercede pela sua comunidade e pelos seus destinatários. O DNC, ao tratar a formação do catequista, caracteriza a sua espiritualidade como "bíblica, litúrgica, cristológica, trinitária, eclesial, mariana e encarnada na realidade do povo" (DNC, n. 13k).

O catequista como ministro da Palavra deve haver uma adequada base de conhecimento e de proximidade com a Sagrada Escritura que é fonte da fé, e que com a Tradição, constitui a coluna da missão da Igreja (cf. DUPLEIX, 2008, p. 154). Ele deve desenvolver uma relação pessoal com a Palavra, lendo-a na própria vida com os olhos da fé, aprofundando-a com a oração e com o estudo, de modo que aprenda a compreendê-la, vivê-la, atualizá-la e anunciá-la no hoje de seus destinatários (cf. VD, n. 5; 75; 81).

Ele é chamado a relacionar-se diariamente com a Palavra, escutando-a e meditando-a como fonte inesgotável da fé, de modo que naturalmente passe a referir-se a ela, por meio da qual interpreta a própria vida e os acontecimentos (cf. DAMU, 1996, p. 104). Dessa maneira, a sua oração é resposta à Palavra meditada, "digerida e transformada em gestos e ações concretas que transformam a sua vida e a de todos os que estão ao seu redor" (CARVALHO, 2016, p. 36).

A liturgia por ser o culto divino da Igreja, ter relação vital com a Sagrada Escritura e guardar os elementos constitutivos da fé cristã, ela possui a primazia da fonte da fé, tanto que cada liturgia é profissão de fé (cf. BOSELLI, 2014, p. 186). Nela a linguagem simbólica possui a força e a capacidade de ir além daquilo que se expressa literalmente, pois o símbolo redescreve a realidade tornando presente o que é difícil de perceber, mas que é experimentado e sentido (cf. VILLEPELET, 2003, p. 23).

O catequista precisa conhecer a liturgia para compreender e viver melhor as ações, os ritos e os gestos das celebrações, a fim de amar e a dar autêntico valor ao que se celebra, pois "a graça dos sacramentos é fonte inexaurível que alimenta a vida do catequista, dá-lhe coragem para superar as dificuldades e os limites, estimula-o a um compromisso generoso e fiel de gratuidade e doação aos irmãos" (DAMU, 1996, p. 118). Deste modo, ele pode participar de modo ativo da celebração, reconhecer a presença real de Cristo no pão eucarístico e estabelecer um ponto forte de encontro vivificante com o Senhor em que renova sua vocação e missão.

A espiritualidade cristã é Trinitária, pois "refere-se ao Pai, fonte de destino de todo bem; ao Filho, o Deus encarnado, que na sua pessoa histórica nos revela os desígnios de salvação do Pai; ao Espírito Santo, que faz com que a obra redentora de Cristo se torne uma realidade viva e atual" (MATOS; SATLER,

2008, p. 11). Esta perspectiva ensina que na vida de Jesus "a existência confiada ao Pai e doada aos irmãos, no Espírito, revelou o agir trinitário de Deus como amor incondicional, cuja condição de possibilidade reside no próprio ser de Deus como amor" (BOF, 2002, p. 378).

Este horizonte cristológico trinitário marca fortemente a espiritualidade do catequista, centrando-a na pessoa de Jesus Cristo que revela o amor do Pai, comunica o Espírito Santo e faz encontrar com Deus (cf. CARVALHO, 2014, p. 18). Deste modo, inserido no mistério pascal de Cristo e inspirado pelo Espírito Santo, ele experimenta uma vida nova em Deus manifestado pela vivência das virtudes da fé, da esperança e da caridade (cf. DAMU, 1998, p. 89).

O catequista amadurece a sua espiritualidade eclesial na medida em que exerce o seu ministério em união com a missão evangelizadora da Igreja que o envia em seu nome para anunciar o Evangelho (cf. *EN*, n. 60). Ele se sente parte ativa deste mistério de comunhão, que é a Igreja, tanto que se integrando na vida eclesial ele se torna promotor de diálogo, de iniciativa e de colaboração entre as pastorais e os membros da comunidade em que atua (cf. DAMU, 1996, p. 97).

Ele procura viver um processo de contínua renovação de sua vida interior, de sua disponibilidade para servir, dos conhecimentos necessários para o exercício do ministério e no sólido amadurecimento de uma consciência eclesial que o faça viver com sentido de pertença e de modo responsável na Igreja e na sua comunidade (cf. DUPLEIX, 2008, p. 160). Uma expressão concreta desta espiritualidade eclesial é a vivência no grupo de catequistas, na qual ele faz experiência de comunhão; de relações interpessoais; de prática das dimensões e de momentos da vida eclesial.

A dimensão Mariana é parte constitutiva desta espiritualidade, ela refere-se ao amor, a veneração e a devoção a Maria Santíssima que o catequista cultiva e experimenta na própria vida. Imitando a Virgem Maria, ele compreende ser um humilde instrumento à disposição de Deus, por isso se coloca em atitude de escuta meditativa da Palavra para saber colher e aprofundar a divina ação salvífica na história (cf. DAMU, 1996, p. 152).

O catequista vive a devoção mariana, como uma relação com uma pessoa viva e presente em seu dia a dia, modelo de oração, de serviço e de culto a Deus, que indica o caminho de conversão e seguimento a Jesus Cristo (MURAD, 2015, p. 9). O amor a Virgem Maria pode ser demonstrado de diversas maneiras, entre as quais: participação nas festas que a Igreja celebra em seu louvor; récita do terço; invocação de seu auxílio; atos de consagração e de confiança em sua proteção materna (cf. CNBB, 2007, p. 140).

O catequista é um trabalhador ativo, que ciente da missão divina de seu ministério expressa a sua união com Deus por meio de um coração puro e generoso conservado na obediência, na caridade, no sacrifício de si e na oferta de tudo o que faz e sofre em total confiança e disponibilidade à vontade do Senhor (cf. MERTON, 2009, p. 118). Esta sua espiritualidade é encarnada na realidade do povo, ou seja, em forma de oração apostólica o catequista procura colher os sinais da presença de Deus, para anunciá-lo e testemunhá-lo ali no momento histórico atual das pessoas pelas quais e com as quais trabalha, reza e intercede.

A sua compreensão espiritual da real presença de Deus no cotidiano é expressa pela sua atitude de homem de fé, de oração, de reconhecimento e de súplica ao Senhor diante das mais variadas situações vividas diariamente pelas pessoas. Neste contexto, o catequista ministro é chamado a relacionar-se com Cristo de modo profundo na realidade em que se encontra e com as condições objetivas em que vive no dia a dia (cf. DNC, n. 197). Assim, é capaz de contemplar a efetiva presença divina em tudo o que acontece ao seu redor, e de agir apostolicamente respondendo aos desafios da vida com liberdade e esperança (cf. NOUWEN, 1991, p. 44).

3.3.3 Catequista discípulo missionário

O DC diz ser necessário que o "catequista seja formado como discípulo missionário capaz de partir sempre de sua própria experiência de Deus que o envia a unir-se ao caminho dos irmãos" (DC, n. 135a). Seu caminho espiritual é marcado pela ação do Espírito Santo que o permite encontrar, experienciar e seguir a Jesus Cristo, tonando-se seu discípulo e assumindo com responsabilidade a missão proposta por Ele (cf. BORGHETI, 2010, p. 27).

O discipulado é resposta ao chamado feito por Jesus Cristo e significa estar, caminhar e vincular-se com ele, apropriando-se de um novo projeto de vida que é dar continuidade a sua missão (cf. ARNAIZ, 2007, p. 234). Isso ocorre porque o encontro sincero e íntimo com o Senhor gera no catequista uma conversão profunda, que o coloca em caminho de aprofundamento da Palavra e de uma vida sacramental consciente e participativa, de tal modo que espontaneamente sente a necessidade de anunciar e partilhar com as outras pessoas a sua própria experiência com Jesus (cf. LIBÂNIO, 2008, p. 29).

Com esta atitude o catequista vai se conformando a Cristo e abre-se a prática missionária, a qual impulsionada pelo Espírito Santo integra todas as áreas da existência, tornando--o generoso e criativo, feliz no anúncio e no serviço, comprometido com os sinais da realidade e capaz de encontrar um profundo significado em tudo o que faz pela Igreja e pelo mundo (cf. DAp, n. 285). A espiritualidade do discípulo missionário "abarca as necessidades do mundo inteiro, mas se efetiva ali mesmo onde Deus e a Igreja chamam-no a colaborar" (CELAM, 2008, p. 158), sensibilizando-o a "enxergar o mundo a partir dos últimos da sociedade. Infunde carisma profético de anúncio da verdade e de denúncia dos males que deturpam a dignidade humana" (SORRENTINO, 2016).

Fervoroso no Espírito Santo, o catequista exerce o seu discipulado missionário identificando os bons valores contidos na cultura secularizada e multiétnica de seus destinatários, de modo que ele possa testemunhar e anunciar a Palavra, chamar a conversão e educar na fé. A pessoa inserida neste contexto multicultural acolhe o convite a conversão a partir de elementos que sejam sensíveis e compreensíveis a sua vida diária e coloca-se em um caminho de encontro pessoal com Cristo, no qual

> inicia um processo de transformação, tornando-se discípulo de Jesus; na comunidade de fé que se forma, os discípulos percorrem o caminho do amadurecimento na fé, na esperança, na caridade, até à santidade; como discípulos, são enviados ao povo do território como apóstolos (missionários), para

proclamar o evangelho com palavras e em obras (ROMANO, 2012, p. 154).

Enfim, o catequista discípulo missionário cultiva o encontro com Jesus Cristo por meio de uma vida de oração bíblica, popular e sacramental que o leva a percebê-lo vivamente na comunidade animada de fé e de caridade fraterna, de modo especial nos fiéis que o testemunham na luta pela justiça, pela paz e pelo bem comum (cf. GALLO, 2016, p. 198). Em sua relação com Deus, estão sempre presentes os sofrimentos, as preocupações e as esperanças das pessoas na realidade em que vivem, pelas quais reza, partilha a Palavra, testemunha e educa a fé.

4

Proposta didática para a formação dos catequistas

À luz de toda reflexão realizada para que o catequista tenha uma adequada formação objetivada na sua atuação qualificada da evangelização como ministro educador à fé, mistagogo da espiritualidade e discípulo missionário do primeiro anúncio, procede-se agora com a elaboração de uma proposta de programa de estudo. Tal programa de estudo deve favorecer um ambiente de aprofundamento e de síntese pessoal, seguido das orientações da Carta Apostólica *Antiquum Ministerium* que pede que os catequistas "recebam a devida formação bíblica, teológica, pastoral e pedagógica, para ser solícitos comunicadores da verdade da fé, e tenham já maturado uma prévia experiência de catequese" (*AtM*, n. 8).

Este itinerário didático formativo não é fechado em um sistema acadêmico, todavia, abre-se a modalidades adequadas a cada território e a renovados processos de formação de competências e habilidades (cf. MEDDI, 2021, p. 26).

Desse modo, é necessário que a formação para o Ministério de Catequista contemple uma substancial experiência prática (na forma de tirocínios/estágios) em âmbitos diferenciados da catequese, tenha adequada preparação para a cultura digital e que saiba utilizar a experiência de vida do próprio catequista para uma formação integral e inclusiva (cf. ROMANO, 2021, p. 23).

O público-alvo são os catequistas em seus vários níveis, educadores da fé, assessores, coordenadores e os diversos agentes de pastorais que trabalham nos processos de Iniciação à Vida Cristã. Esta proposta é destinada a preparação de organizadores e de animadores da catequese comunitária, de formadores de catequista e de promotores de atividades catequéticas eclesiais.

Tal programa teria a duração de 3 anos, visando oferecer aos catequistas uma sólida e integral formação a partir de uma clara sistematização dos conteúdos teológicos e das Ciências Humanas, proporcionando assim um fecundo período de conhecimento, aprofundamento e exercitação prática. Este percurso busca capacitar o catequista na reflexão bíblico-teológico-catequética e na prática catequética, habilitando-o no campo pedagógico e desenvolvendo aptidões comunicativas, para que possa realizar em nome da Igreja a missão de iniciar os fiéis à vida cristã, acompanhando-os no amadurecimento da fé.

A proposta de grade curricular capaz de atender a complexidade de todo o projeto didático-pedagógico pode ser sintetizada na seguinte distribuição de disciplinas, orientadas na tabela abaixo:

1º Ano	2º Ano	3º Ano
\multicolumn{3}{c}{1º Semestre}		
* Teologia Fundamental.	* Metodologia pastoral.	
* Cristologia.	* Liturgia e Sacramentos.	* Bíblia e liturgia na catequese.
* Eclesiologia.	* História da Igreja I.	* Primeiro Anúncio e Iniciação Cristã.
* Teologia Bíblica I (A.T.).	* Direito Canônico.	* Mariologia.
\multicolumn{3}{c}{2º Semestre}		
* Teologia Bíblica II (N.T.).	* História da Igreja II.	* Comunicação Integrada (Oral, Escrita e *Web*).
* Teologia Espiritual.	* Teologia Moral.	* Fundamentos didáticos-pedagógicos.
* Patrística.	* Catequética Fundamental.	* Psicologia da educação (desenvolvimento e aprendizagem).
* Introdução à catequética.		
Tirocínio: Formação dos sujeitos.	Tirocínio: Formação dos adultos.	Tirocínio: Formação familiar.

Considerações finais

Esta obra procurou-se elaborar de modo racional e estruturado estímulos que favorecessem a criação de itinerários formativos que sejam alinhados à realidade do Ministério de Catequista e levem em consideração as reflexões e os aprofundamentos da Igreja e de catequetas sobre este tema. A sua divisão em três partes possibilita um maior desenvolvimento e articulação racional dos elementos que devem necessariamente estar na pauta das comissões de reflexão, preparação e atualização de caminhos de formação.

A primeira parte ao abordar o tema da relação indissociável entre a comunidade e o catequista, exalta este vínculo intrinsecamente indivisível. A comunidade exerce a função de primeiro catequista, proporcionando uma experiência concreta com Jesus Cristo e de comunhão entre os batizados. Paulatinamente, o Espírito Santo suscita entre os irmãos da comunidade alguns os dotando de carisma para se dedicarem à educação da fé na comunidade e em seu nome.

O catequista atua como educador, mistagogo, pedagogo, místico, companheiro de viagem, ensinando a escutar, ler e meditar a Palavra, compreender a fé e iniciar um caminho de adesão a Jesus Cristo, possibilitando, assim, uma experiência de intimidade orante com Deus. Ele não é estranho a própria realidade, mas promove um diálogo construtivo e educativo entre a fé e a cultura, testemunhando com gestos e atitudes um modo esperançoso de viver a vida na própria cultura com os valores evangélicos.

A segunda parte refere-se às competências pedagógica e comunicativa como inerentes e transversais do ministério. A competência pedagógica é certamente a mais associada ao exercício do catequista, mas por vezes ela é nivelada por baixo fazendo do processo educativo um raso momento informativo.

É importante valorizar e aperfeiçoar as macrocompetências (o *ser*; o *saber*; o *saber fazer*; o *saber estar com*; o *saber estar em*) enquanto expressão da graça que capacita os escolhidos para a realização deste serviço ministerial. Para realçar ainda mais a sua atuação na educação e no amadurecimento da fé, é fundamental que o catequista seja habilitado em processos educativos, conhecendo os estudos e propostas de pedagogos contemporâneos.

O desenvolvimento da competência comunicativa é evidentemente uma necessidade basilar para a realização deste serviço de comunicação da fé, já que o catequista deve ser em grado de comunicar, narrando a própria experiência de fé, conduzindo à essência das fórmulas da fé e evidenciar a vivência de cada batizado (cf. SORECA, 2014, p. 154). Além disso, a aquisição desta competência gera relações humanas e eclesiais significativas e profundas, que manifestam a presença do Verbo na vida real das pessoas e da comunidade.

A terceira parte trata de indicações que podem contribuir para aprimorar o processo de formação do catequista, evidenciando a relevância fundamental de uma formação inicial que deve fazer com que o candidato se identifique com as características e exigências do Ministério de Catequista, assumindo-o como projeto de Deus para ele. Ao final desta primeira etapa, o ministro deve ser habilitado a apropriar-se das responsabilidades de sua formação de modo contínuo para viver com fidelidade e autenticidade o próprio ministério.

Sugere-se que o processo formativo leve em consideração as quatro dimensões das práticas evangelizadoras da Igreja (*koinonia, martyria, leitourgia, diakonia*), pois elas são fundamentais para a construção do Reino já que estão fundamentadas no Novo Testamento e apresentam os elementos constitutivos da evangelização. Por fim, buscou-se aprofundar os aspectos que fundamentam e caracterizam a espiritualidade do catequista, que plasmado pelo coração de Cristo, acolhe este ministério como dom de Deus para o amadurecimento da fé e salvação do ser humano.

A quarta parte deste livro foi desenvolvida para efetivar toda a reflexão realizada no decorrer deste texto sobre a formação do catequista, preparando-o solidamente no arco de três anos. A grade curricular proposta, além de contemplar as diferentes áreas da teologia, também busca integrá-las com outros conhecimentos específicos sugeridos pelo DC, proporcionando, assim, uma formação ampla e integral para o ministro catequista.

Referências

ABDALLA, M. Espiritualidade cristã e ação histórica. *Vida Pastoral*, vol. 45, n. 237, p. 9-15, 2004.

ALBERICH, E. *Catechesi e prassi ecclesiale*. Leumann: Elledici, 1982.

ALBERICH, E. Il catechista di fronte alle nuove sfide. In: BISSOLI, C.; GEVAERT, J. (orgs.). *La formazione dei catechisti: problemi di oggi per la catechesi di domani*. Leumann: Elledici, 1998, p. 43-50.

ALBERICH, E. *La catechesi oggi*. Manuale di catechetica fondamentale. Leumann: Elledici, 2001.

ALBERICH, E. Catechesi. In: PRELLEZO, J.M; MALIZIA, G.; NANNI, C. (eds). *Dizionario di Scienze dell'Educazione*. Roma: LAS, 2008.

ALBERICH, E. Catechesi e Chiesa/comunità. In: ZUPPA, P. (org.). *Apprendere nella comunità cristiana*: come dare "ecclesialità" alla catechesi oggi. Leumann: Elledici, 2012, p. 43-53.

AMHERDT, F.-X. La communauté, un milieu nourricier pour la foi. In: MOREL, I.; MOLINARIO, J.; DERROITTE, H. (orgs.). *Les catéchètes dans la mission de l'Église*. Paris: Cerf, 2016, p. 121-140.

ARNAIZ, J. M. Una espiritualidad para un despertar misionero. In: *Aparecida. Renacer de una esperanza*. Montevideo: Amerindia, 2007, p. 222-237.

ATTANASIO, M. R. Nuovi linguaggi ed educazione alla fede. In: BIANCARDI, G. (org.). *Pluralità di linguaggi e cammino di fede*. Leumann: Elledici, 2008, p. 135-148.

BARBOSA NETO, J. S. Princípios para ações da pastoral e animação bíblica. *Revista de Catequese*, vol. 39, n. 147, p. 42-55, 2016.

BARBOSA NETO, J. S.; RESENDE FERREIRA, R. M. A relação afetiva e de escuta psicopedagógica. *Multitemas*, vol. 20, n. 47, p. 37-55, 2015.

BECCARIA, G. L. *Le competenze comunicative*. In: BECCARIA, G. L. (ed.). *Dizionario di linguistica*. Turim: Einaudi, 1996.

BIEMMI, E. *Compagni di viaggio*. Bologna: Dehoniane, 2003.

BIEMMI, E. Il catechista e la sua formazione. *Notiziario UCN*, n. 03, p. 61-68, 2011.

BIEMMI, E. Formare i formatori. In: BENZI, G.; DAL TOSO, P.; MONTISCI, U. (orgs.). *Dodici ceste piene... (Mc 6,43)*: catechesi e formazione cristiana degli adulti. Turim: Elledici, 2013, p. 101-104.

BIEMMI, E. *L'attenzione ai genitori nelle nuove esperienze*, jul. 2016. Disponível em: <http://www.diocesi.concordia-pordenone.it/pordenone/allegati/2345/Relazione_Biemmi_Trivignano.pdf>. Acesso em: 3 jan. 2020.

BISSOLI, C. *"Va' e annuncia" (Mc 5,19)*: manuale di catechesi biblica. Leumann: Elledici, 2006.

BOF, G. *Cristologia*. BARBAGLIO, G. B., DIANICH, S. (eds.). *Dizionario di Teologia*. Cinisello Balsamo (Milano): San Paolo, 2002.

BORGHETI, R. Por uma espiritualidade encarnada: reflexões sobre a espiritualidade do agente pastoral à luz do documento de Aparecida. *Vida Pastoral*, vol. 51, n. 272, p. 25-28, 2010.

BORRAS, A. Instituer des catéchètes/catéchistes. *Lumen Vitae*, vol. 65, n. 03, p. 259-272, 2010.

BOSELLI, G. *O sentido espiritual da liturgia*. Brasília: CNBB, 2014.

BOYATZIS, R. E. *The competent manager*. Nova York: John Wiley & Sons, 1982.

CALABRESE, S. Chiesa, comunità educante? Spunti psico--sociologici per la formazione ecclesiale. *In:* ZUPPA, P. (org.). *Apprendere nella comunità cristiana:* come dare "ecclesialità" alla catechesi oggi. Leumann: Elledici, 2012, p. 11-28.

CARVALHO, H. R. *Elementos fundamentais da espiritualidade do catequista*. São Paulo: Paulus, 2014.

CARVALHO, H. R. *Bíblia:* a Palavra que transforma a vida dos catequistas. São Paulo: Paulus, 2016.

CARVALHO, L. M. S. A diferenciação pedagógica e curricular na voz de docentes. *Revista Portuguesa de Investigação Educacional*, vol. 18, p. 57-88, 2018.

CASTELLUCCI, E. Quale comunità genera alla fede? *Catechesi*, vol. 87, n. 04, p. 18-28, 2018.

CASTRO, vol. J. A espiritualidade no cotidiano. *Vida Pastoral*, vol. 36, n. 182, p. 15-20, 1995.

CELAM. *Manual de Catequética*. 2. ed. São Paulo: Paulus, 2008.

CENCINI, A. *L'albero della vita*. Cinisello Balsamo (Milano): San Paolo, 2005.

CEPABC. *Catequese:* um ministério eclesial. Brasília: CNBB, 2014.

CEPABC. *Critérios e itinerários para a instituição do Ministério de Catequista*. Brasília: CNBB, 2021.

CNBB. *Sou Católico*: vivo minha fé. 2. ed. Brasília: CNBB, 2007.

CONCEIÇÃO, E. Entendendo o motu proprio *Antiquum Ministerium*, pelo qual se institui o Ministério de Catequista. *Vida Pastoral*, vol. 63, n. 343, p. 5-11, 2022.

CORDEIRO, J. M. *Corações ao alto*: introdução à liturgia da Igreja. Lisboa: Paulus, 2014.

CUMIA, S. G. La dimensione ecclesiale e sociopolitica della catechesi. *Catechesi*, vol. 01, n. 03, p. 121-128, 2020.

CURRÒ, S. Comunità credente come comunità educante. *UCN*, n. 03, p. 30-32, 2010.

DAMU, P. *La spiritualità del catechista*. Leumann: Elledici, 1996.

DAMU, P. Quale spiritualità per il catechista. *In*: BISSOLI, C.; GEVAERT, J. (orgs.). *La formazione dei catechisti*. Problemi di oggi per la catechesi di domani. Leumann: Elledici, 1998, p. 83-93.

DE CORTE, E. *Les fondements de l'action didactique*. 2. ed. Bruxelas: De Boeck, 1990.

DERROITTE, H. Advenir catéchiste au sein d'une communauté chrétienne. *Lumen Vitae*, vol. 61, n. 04, p. 383-395, 2006.

DERROITTE, H. Les formes de catéchèse communautaire: fondements, balises, évaluations. *In*: BIEMMI, E.; DERROITTE, H. (orgs.). *Catéchèse, communauté et seconde annonce*. Namur: Lumen Vitae, 2015, p. 15-32.

DIAS, I. S. Competências em Educação: conceito e significado pedagógico. *Revista Semestral da Associação Brasileira de Psicologia Escolar e Educacional*, vol. 14, n. 01, p. 73-78, 2010.

DONALDSON, G. *Teaching Scotland's future*. Edinburgh: St Andrew's House, 2011.

DORÉ, J.; VIDAL, M. Introduction générale. De nouvelles manières de faire vivre l'Église. *In:* DORÉ, J.; VIDAL, M. (orgs.). *Des ministres pour l'Église*. Paris: Cerf, 2001.

DUPLEIX, A. Pour une formation spirituelle. *In:* DERROITTE, H.; PALMYRE, D. (orgs.). *Les nouveaux catéchistes:* leur formation, leurs compétences, leur mission. Bruxelas: Lumen Vitae, 2008, p. 151-161.

FLORISTÁN, C. *Teología Práctica.* Teoría y praxis de la acción pastoral. 5. ed. Salamanca: Sígueme, 2009.

FODARO, F. Il Kerigma per rinnovare la fede nella contemporaneità. Ripartire dalla centralità di Cristo per la vita del credente. *Catechesi*, vol. 01, n. 03, p. 97-104, 2020.

FONTES, D. A. O serviço da autoridade. *Vida Pastoral*, vol. 62, n. 338, p. 4-13, 2021.

FOSSION, A. *La catéchèse dans le champ de la communication:* ses enjeux pour l'inculturation de la foi. Paris: Cerf, 1990.

FOSSION, A. La compétence catéchétique. *In:* DERROITTE, H.; PALMYRE, D. (orgs.). *Les nouveaux catéchistes:* leur formation, leurs compétences, leur mission. Bruxelas: Lumen Vitae, 2008, p. 15-32.

FRANCISCO. L'intelligenza e il discernimento, il sinodo e l'educazione. *In:* SALA, R. (org.). *Pastorale giovanile 2:* intorno al fuoco vivo del sinodo. Turim: Elledici, 2020, p. 9-13.

GALLO, L. A. *Il cammino del Vangelo nel continente della speranza.* 2. ed. Roma: LAS, 2016.

GATTI, G. *Spiritualità del catechista. In:* GEVAERT, J. (ed.). *Dizionario di catechetica.* Leumann: Elledici, 1986.

GEFFRÉ, C. La révélation comme histoire, enjeux théologiques pour la catéchèse. *Catéchèse*, n. 100-101, p. 59-76, 1986.

GEVAERT, J. *Il dialogo difficile*: problemi dell'uomo e catechesi. Leumann: Elledici, 2005.

GIACCARDI, C. Che cosa significa dialogare? *Messaggero di Sant'Antonio*, 2 set. 2020. Disponível em: <https://messaggero santantonio.it/content/che-cosa-significa-dialogare>

GIANNATELLI, R. *Catechesi*. In: LEVER, F., RIVOLTELLA, P. C., ZANACCHI, A. (eds.). *La comunicazione*: il dizionario di scienze e tecniche. Roma: LAS, 2002.

GRASSI, T. M. *Psicopedagogia*: um olhar, uma escuta. Curitiba: Ibpex, 2009.

GROPPO, G. *Educazione e Catechesi*. In: GEVAERT, J. (ed.). *Dizionario di catechetica*. Leumann: Elledici, 1986.

GUARDINI, R. G. *I santi segni*. Brescia: Morcelliana, 1960.

HESS, M. E. Réception des médias comme espace essentiel à l'education de la foi. *In*: MARCHESSAULT, G. (org.). *Témoigner de sa foi, dans les médias, aujourd'hui*. Ottawa: Presses de l'Université d'Ottawa, 2005, p. 351-371.

JENKINS, H. *Convergence culture*: where old and new media collide. Nova York: New York University Press, 2008.

KÜNG, H. *La Chiesa*. 2. ed. Brescia: Queriniana, 1969.

LEVER, F. *Comunicazione*. In: GEVAERT, J. (ed.). *Dizionario di catechetica*. Leumann: Elledici, 1986.

LIBÂNIO, J. B. Formação dos discípulos missionários. *Vida Pastoral*, vol. 49, n. 261, p. 25-31, 2008.

LIMA, L. A. DE. Apresentação. *In*: CARVALHO, H. R. de (org.). *Elementos fundamentais da espiritualidade do catequista*. São Paulo: Paulus, 2014, p. 5-6.

LIMA, L. A. de. O Ministério Instituído de Catequista, uma extraordinária conquista. *Revista de Catequese*, vol. 44, n. 158, p. 6-23, 2021.

LOPES, K. B. *Psicologia da Aprendizagem*. Cuiabá: UFMT, 2015.

LÓPEZ MARTÍN, J. Liturgia y catequesis. In: PEDROSA, V. M. et al. (orgs.) *Nuevo Diccionario de Catequética*. Madri: San Pablo, 1999.

MARCHESSAULT, G. Les catéchistes et animateurs pastoraux au défi de la culture des communications sociales. In: DERROITTE, H.; PALMYRE, D. (orgs.). *Les nouveaux catéchistes*: leur formation, leurs compétences, leur mission. Bruxelas: Lumen Vitae, 2008, p. 67-81.

MARTINELLI, A. Come educare i giovani ad una spiritualità del quotidiano. *Note di Pastorale Giovanile*, n. 05, p. 25-39, 1983.

MATOS, H. C. J.; SATLER, F. A. *Iniciação à Espiritualidade cristã para leigos*. Belo Horizonte: O Lutador, 2008.

MEDDI, L. Mission et pratique de la formation. In: DERROITTE, H.; PALMYRE, D. (orgs.). *Les nouveaux catéchistes*: leur formation, leurs compétences, leur mission. Bruxelas: Lumen Vitae, 2008a, p. 119-149.

MEDDI, L. La comunicazione è il futuro della catechesi? In: BIANCARDI, G. (org.). *Pluralità di linguaggi e cammino di fede*. Leumann: Elledici, 2008b, p. 183-212.

MEDDI, L. Apprendere nella Chiesa oggi. Verso nuove scelte di qualità. In: ZUPPA, P. (org.). *Apprendere nella comunità cristiana*: come dare "ecclesialità" alla catechesi oggi. Leumann: Elledici, 2012, p. 95-131.

MEDDI, L. Essere catechisti, servizio stabile nella Chiesa. *In:* ROSSI, vol. (org.). *Guida alla lettura della Lettera Apostolica in forma di motu proprio* Antiquum Ministerium. Turim: Elledici, 2021. p. 21-26.

Mensagem do Santo Padre Francisco para a XXIX Jornada Mundial da Juventude. Cidade do Vaticano Libreria Editrice Vaticana, 21 jan. 2014. Disponível em: <https://www.vatican.va/content/francesco/pt/messages/youth/documents/papa-francesco_20140121_messaggio-giovani_2014.html>. Acesso em: 25 mar. 2023.

MERTON, T. *L'esperienza interiore.* 2. ed. Cinisello Balsamo (Milano): San Paolo, 2009.

MERZ, F. *Apprendimento. In:* ARNOLD, W., EYSENCH, H. J., MEILI, R. (eds.). *Dizionario di Psicologia.* Roma: Paoline, 1982.

MIRAS, M. Um ponto de partida para a aprendizagem de novos conteúdos: os conhecimentos prévios. *In:* COLL, C.; SOLÉ, I. (orgs.). *O construtivismo na sala de aula.* 2. ed. São Paulo: Ática, 1997, p. 57-77.

MONTISCI, U. L'apporto della catechetica alla "animazione biblica di tutta la pastorale" (VD 73). *In:* MATOSES, X.; BENZI, G.; PUYKUNNEL, S. J. (orgs.). *L'animazione biblica dell'intera pastorale.* Roma: LAS, 2020, p. 45-63.

MOOG, F. Le recours à la communauté en ecclésiologie au XXe siècle. *Lumen Vitae,* vol. 61, n. 04, p. 373-381, 2006.

MORANTE, G. Dimensioni e formazione dell'identità del catechista. *In:* BISSOLI, C.; GEVAERT, J. (orgs.). *La formazione dei catechisti:* problemi di oggi per la catechesi di domani. Leumann: Elledici, 1998. p. 60-69.

MORANTE, G.; ORLANDO, vol. *Catechisti e catechesi all'inizio de terzo millennio.* Leumann: Elledici, 2004.

MORCUENDE, M. Á. G. *L'educazione è cosa di cuori*. Turim: Elledici, 2019.

MURAD, A. A devoção marial. *Vida Pastoral*, vol. 56, n. 304, p. 3-14, 2015.

NANNI, C. Educazione, evangelizzazione, pastorale. *In:* BISSOLI, C.; PASTORE, C. (orgs.). *Fare pastorale giovanile oggi*. Roma: LAS, 2014, p. 171-185.

NAPOLIONI, A. Il linguaggio necessario ci sarà dato con la vita. *In:* BIANCARDI, G. (org.). *Pluralità di linguaggi e cammino di fede*. Leumann: Elledici, 2008, p. 215-221.

NOCETI, S. Educare nella comunità cristiana, co-educarsi come comunità. *In:* ZUPPA, P. (org.). *Apprendere nella comunità cristiana*: come dare "ecclesialità" alla catechesi oggi. Leumann: Elledici, 2012, p. 77-93.

NOFFKE, S. *Studio.* DOWNEY, M. (ed.). *Nuovo dizionario di spiritualità*. Città del Vaticano: LEV, 2003.

NOUWEN, H. J. M. *Viaggio spirituale per l'uomo contemporaneo*. 4. ed. Brescia: Queriniana, 1991.

OLIVEIRA, M. *Comunicazione. In:* LEVER, F., RIVOLTELLA, P. C., ZANACCHI, A. (eds.). *La comunicazione: il dizionario di scienze e tecniche.* Roma: LAS, 2002.

PAGNUSSAT, L. F. Os desafios e impactos da pandemia na vivência dos processos de educação da fé na comunidade cristã. *Revista de Catequese*, vol. 43, n. 155, p. 5-16, 2020.

PAPOLA, G. Selon l'Écriture. *Lumen Vitae*, vol. 72, n. 04, p. 429-438, 2017.

PASQUALETTI, F. Il Direttorio per la catechesi (2020) e la cultura digitale. Una lettura critica dei nn. 359-372. *Salesianum*, vol. 82, n. 04, p. 725-754, 2020.

PELLEREY, M. *Educare:* manuale di pedagogia come scienza pratico-progettuale. Roma: LAS, 1999.

PELLEREY, M. *Competenze:* conoscenze, abilità, atteggiamenti. Il ruolo delle competenze nei processi educativi scolastici e formativi. Napoli: Tecnodid, 2010a.

PELLEREY, M. Ripensare le competenze e la loro identità nel mondo della scuola e della formazione. Seconda parte: l'approccio per competenze nei processi educativi e formativi. *Orientamenti Pedagogici*, vol. 57, n. 03, p. 379-400, 2010b.

PERRENOUD, P. *La pédagogie à l'école des différences.* 2. ed. Paris: ESF, 1996.

PERRENOUD, P. *Construire des compétences dès l'école.* 2. ed. Paris: ESF, 1998.

PERRENOUD, P. *Enseigner: agir dans l'urgence, décider dans l'incertitude.* Paris: ESF, 1999.

PERRENOUD, P. *Diez nuevas competencias para enseñar.* 5. ed. Barcelona: Graó, 2007.

PEYRON, L. Trasformazione digitale. *Dossier catechista*, n. 02, p. 18-19, 2020.

PONTIFÍCIA COMISSÃO BÍBLICA. *A interpretação da Bíblia na Igreja.* 9. ed. São Paulo: Paulinas, 2010.

PRINCIPE, W. H. Spiritualità cristiana. In: DOWNEY, M. (ed.). *Nuovo dizionario di spiritualità.* Città del Vaticano: LEV, 2003.

RAIMBAULT, C. Laisser la Parole de Dieu faire son travail. *Lumen Vitae*, vol. 72, n. 04, p. 371-382, 2017.

RAMSEY, B. Insegnamento. In: DOWNEY, M. (ed.). *Nuovo dizionario di spiritualità.* Città del Vaticano: LEV, 2003.

REDING, vol. *Formazione iniziale e passaggio alla vita professionale*. Firenze: Le Monnier, 2003.

ROGGIA, B. La fedeltà oggi: quali sfide alla formazione? In: FISICHELLA, M.; RUFFINATTO, P. (orgs.). *L'Accompagnamento*. Roma: LAS, 2014, p. 74-85.

ROMANO, A. Catechesi e comunità cristiana: questione epistemologico-catechetica? In: ZUPPA, P. (org.). *Apprendere nella comunità cristiana*: come dare "ecclesialità" alla catechesi oggi. Leumann: Elledici, 2012, p. 149-158.

ROMANO, A. La svolta ministeriale del catechista nella chiesa. Riferimenti teologici e prospettive catechetiche tra Antiquum ministerium (2021) e nuovo Direttorio per la Catechesi (2020). *Catechesi*, vol. 02, n. 06, p. 11-28, 2021.

RONCO, A. *Apprendimento*. In: PRELLEZO, J. M., MALIZIA, G., NANNI, C. (eds.). *Dizionario di Scienze dell'Educazione*. Roma: LAS, 2008a.

RONCO, A. *Motivazione*. In: PRELLEZO, J. M., MALIZIA, G., NANNI, C. (eds.). *Dizionario di Scienze dell'Educazione*. Roma: LAS, 2008b.

SALA, R. *Pastorale giovanile 2*: intorno al fuoco vivo del sinodo. Turim: Elledici, 2020.

SANTOS, J. DE S.; FREITAS, L. O. Ministério instituído do catequista: desafios e perspectivas. *Revista de Catequese*, vol. 44, n. 158, p. 24-33, 2021.

SCHNACKENBURG, R. *Gottes Herrschaft und Reich*: eine biblisch--theologische Studie. 2. ed. Freiburg im Breisgau: Herder, 1961.

SCHURR, vol. *Pastorale*. Brescia: Morcelliana, 1976. (Nota técnica).

SCIADINI, P. *A pedagogia da direção espiritual*. São Paulo: Loyola, 2006.

SCIUTO, C. *Seminiamo la speranza*. Leumann: Elledici, 2012.

SEVESO, B. La parrocchia e la teologia. *In:* COLOMBO, G. (org.). *Chiesa e Parrocchia*. Leumann: Elledici, 1989, p. 9-52.

SIGNORINI, I. Profecia e martírio na Igreja: testemunhos dos Padres da Igreja aos nossos tempos. *Vida Pastoral*, vol. 51, n. 270, p. 20-27, 2010.

SILVA, R. R. D.; SCHERER, R. P. Por que precisamos da diferenciação pedagógica? *Revista Brasileira de Educação*, vol. 24, n. 41, p. 1-19, 2019.

SORECA, S. Catechisti e figure di accompagnamento. *In:* BENZI, G.; DAL TOSO, P.; MONTISCI, U. (orgs.). *Dodici ceste piene...* (Mc 6,43): catechesi e formazione cristiana degli adulti. Turim: Elledici, 2013, p. 89-94.

SORECA, S. *La formazione di base per i catechisti*. Roma: LAS, 2014.

SORRENTINO, F. *Espiritualidade missionária*. Dom Total, 2016. Disponível em: <https://domtotal.com/noticia/1092940/2016/11/espiritualidade-missionaria/>. Acesso em: 3 mai 2021.

SPIGA, M. T. Il contributo - risultati di un questionario. *In:* FISICHELLA, M.; RUFFINATTO, P. (orgs.). *L'Accompagnamento*. Roma: LAS, 2014, p. 44-73.

SPRESSOLA, N. A. *Instrumento para avaliar as competências no trabalho de tutoria na modalidade EAD*. São Paulo: Universidade de São Paulo, 2010.

STACHEL, G. Spiritualità. *In:* GEVAERT, J. (ed.). *Dizionario di catechetica*. Leumann: Elledici, 1986.

TEIXEIRA, C.; SILVA, A. W. C. Eclesiologia do Concílio Vaticano Segundo. *Revista Eletrônica Espaço Teológico*, vol. 04, n. 06, p. 17-28, 2010.

TRENTI, Z. *Educare alla fede*. Leumann: Elledici, 2002.

UFFICIO CATECHISTICO NAZIONALE. *La formazione dei catechisti nella comunità cristiana*: formazione dei catechisti per l'iniziazione cristiana dei fanciulli e dei ragazzi. Leumann: Elledici, 2006.

VALLABARAJ, J. *Educazione catechetica degli adulti*. Roma: LAS, 2009.

VELASCO, J. M. *La experiencia cristiana de Dios*. Madri: Trotta, 1995.

VILLEPELET, D. *L'avenir de la catéchèse*. Bruxelas: Lumen Vitae, 2003.

WEISS, M. L. L. *Psicopedagogia Clínica*: uma visão diagnóstica dos problemas de aprendizagem escolar. Rio de Janeiro: DP&A, 2004.

WUNDERLICH, D.; MAAS, U. *Pragmatik und sprachliches Handeln*. Frankfurt: Athenäum, 1972.

Conecte-se conosco:

 facebook.com/editoravozes

 @editoravozes

 @editora_vozes

 youtube.com/editoravozes

 +55 24 2233-9033

www.vozes.com.br

Conheça nossas lojas:

www.livrariavozes.com.br

Belo Horizonte – Brasília – Campinas – Cuiabá – Curitiba
Fortaleza – Juiz de Fora – Petrópolis – Recife – São Paulo

  Vozes de Bolso

EDITORA VOZES LTDA.
Rua Frei Luís, 100 – Centro – Cep 25689-900 – Petrópolis, RJ
Tel.: (24) 2233-9000 – E-mail: vendas@vozes.com.br